中国でお尻を手術。

近藤雄生
YUKI KONDO

遊牧夫婦、アジアを行く

2004→2006

MISHIMASHA ミシマ

旅の中を生き続けたい。
そう思い、結婚直後に仕事はないまま、
ぼくらは二人で旅に出た。
旅をしながら、住んで、学んで、働いて。
五年におよんだそんな「遊牧」の日々の中で、
ぼくらは確信した。
そう、いまは、旅が暮らしになる時代なんだと――。

本書は、その五年間の二年目から四年目にかけての記録である。

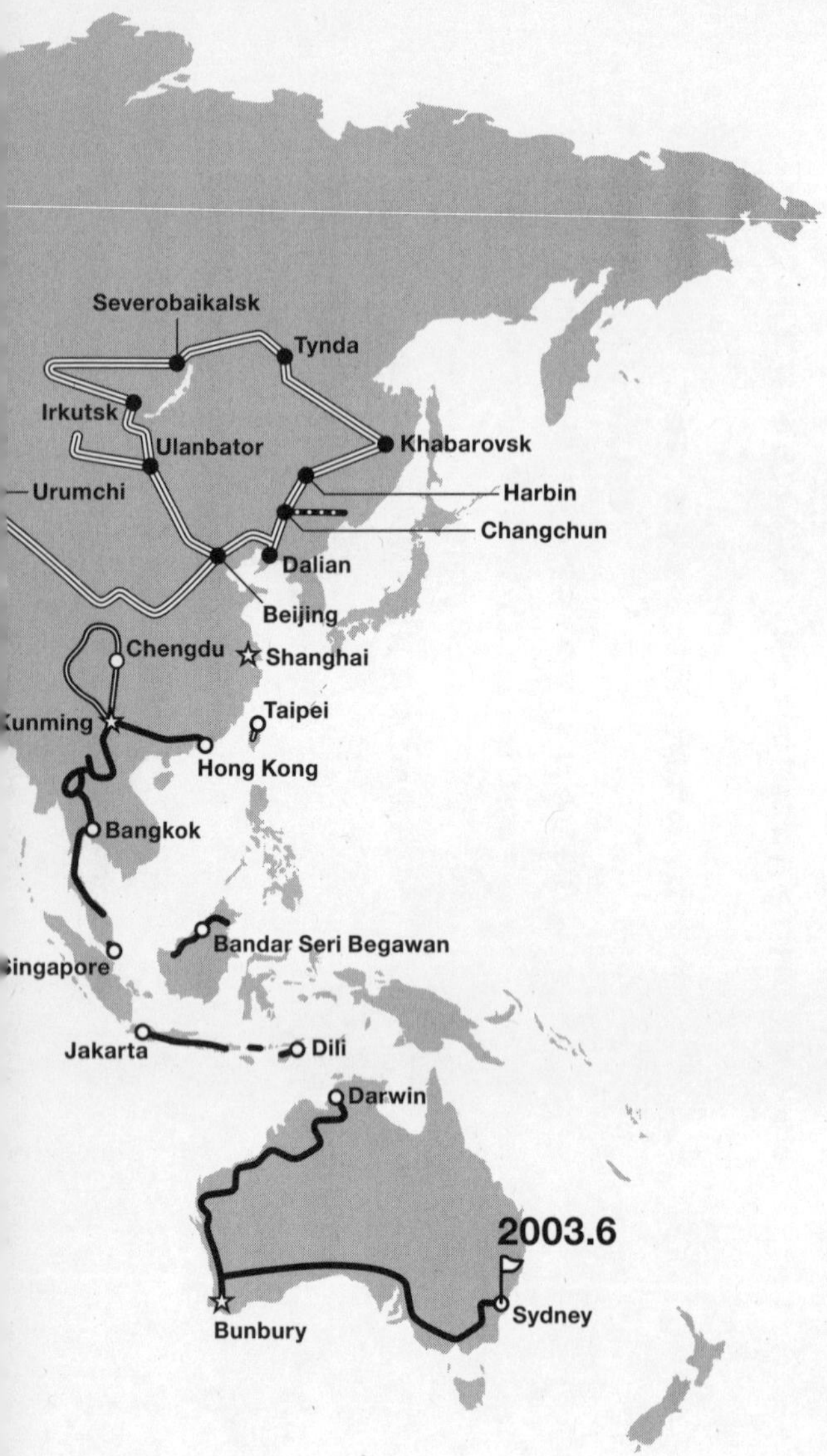
Severobaikalsk
Tynda
Irkutsk
Ulanbator
Khabarovsk
Urumchi
Harbin
Changchun
Dalian
Beijing
Chengdu
Shanghai
Taipei
Kunming
Hong Kong
Bangkok
Bandar Seri Begawan
Singapore
Jakarta
Dili
Darwin
2003.6
Sydney
Bunbury

2003 ➡ 2008

「遊牧夫婦」旅の全行程

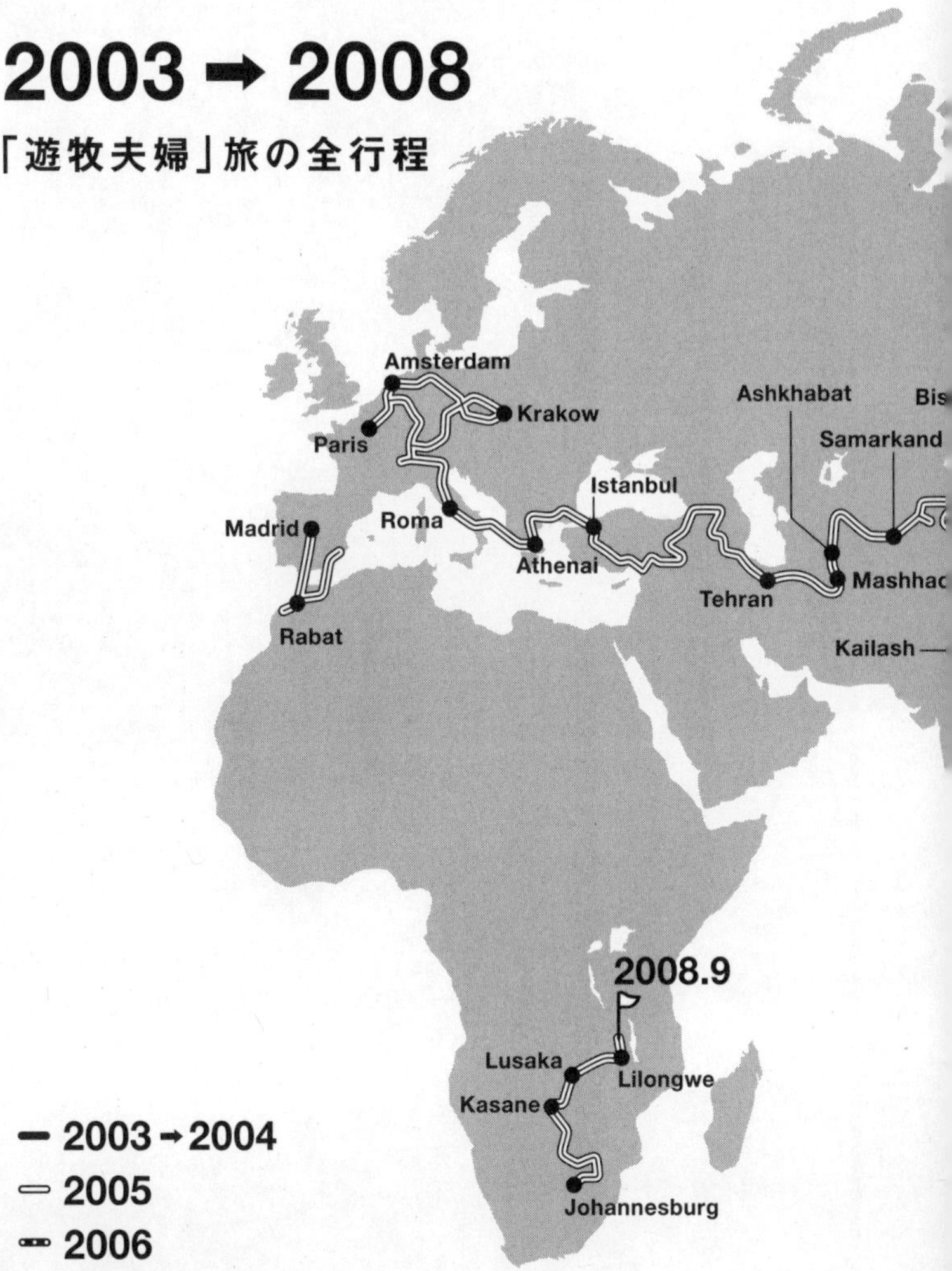

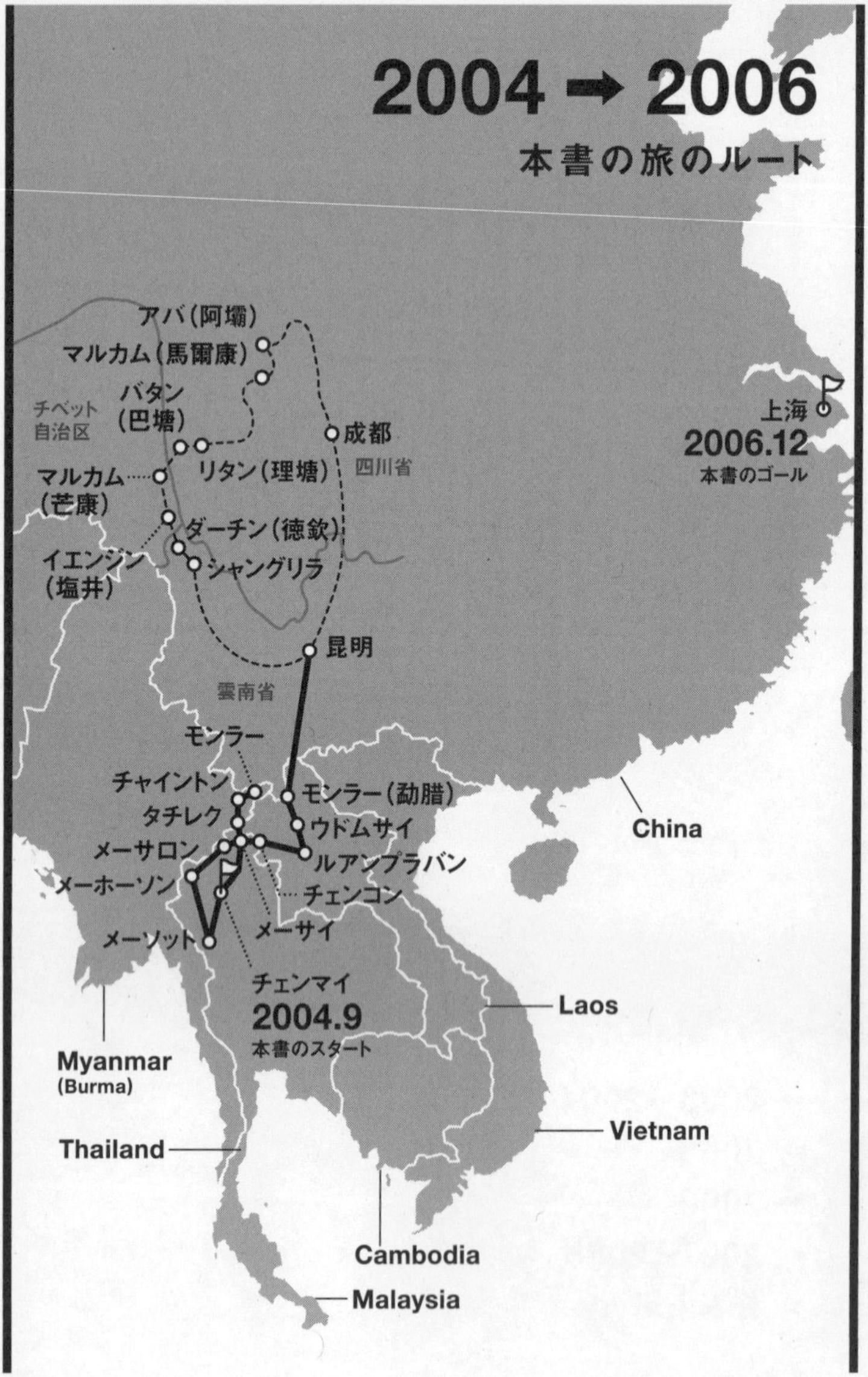

2004 ➡ 2006
本書の旅のルート
アバ(阿壩)
マルカム(馬爾康)
バタン
(巴塘)
チベット
自治区
成都
リタン(理塘)
四川省
マルカム
(芒康)
ダーチン(徳欽)
イエンジン
(塩井)
シャングリラ
昆明
雲南省
モンラー
チャイントン
モンラー(勐腊)
タチレク
ウドムサイ
メーサロン
ルアンプラバン
メーホーソン
チェンコン
メーサイ
メーソット
チェンマイ
2004.9
本書のスタート
上海
2006.12
本書のゴール
China
Laos
Myanmar
(Burma)
Vietnam
Thailand
Cambodia
Malaysia

中国でお尻を手術。
遊牧夫婦、アジアを行く

目次

I 中国直前（タイ、ビルマ）

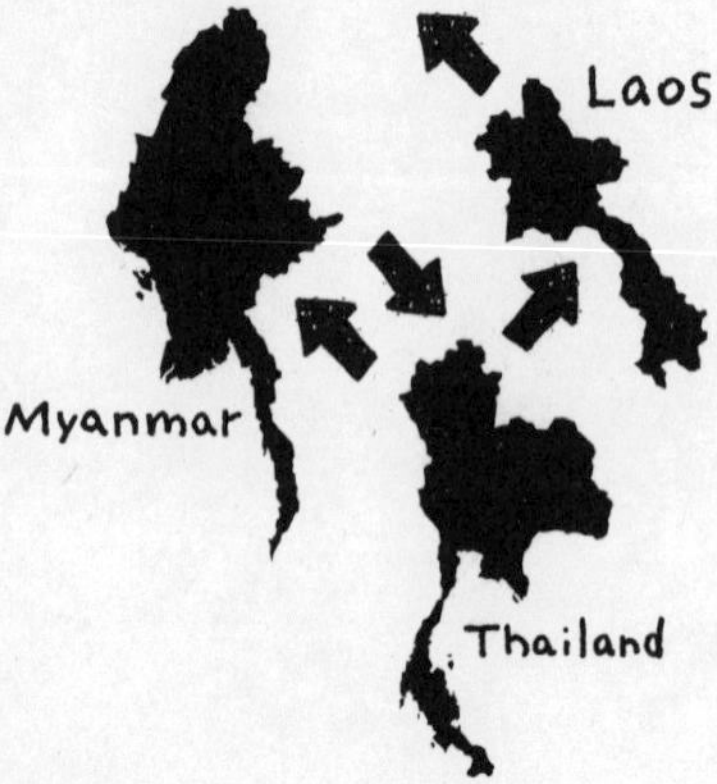

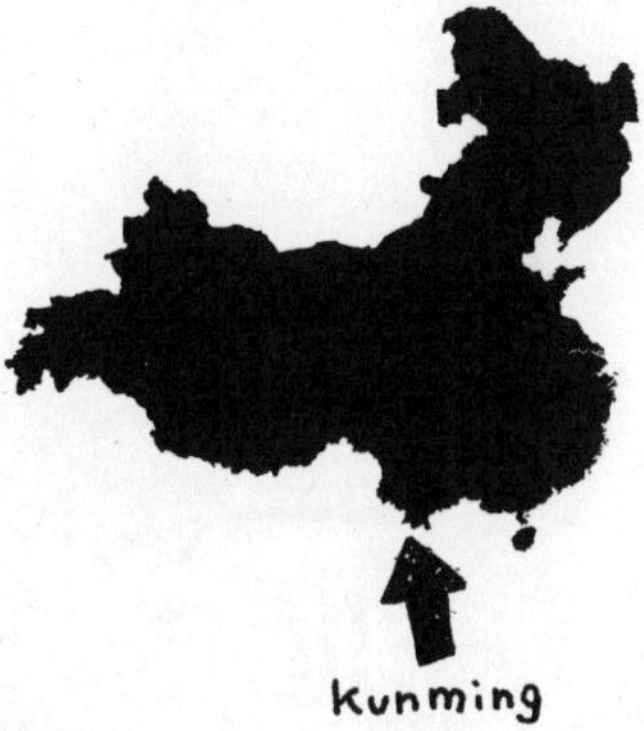

Ⅱ

中国（昆明）

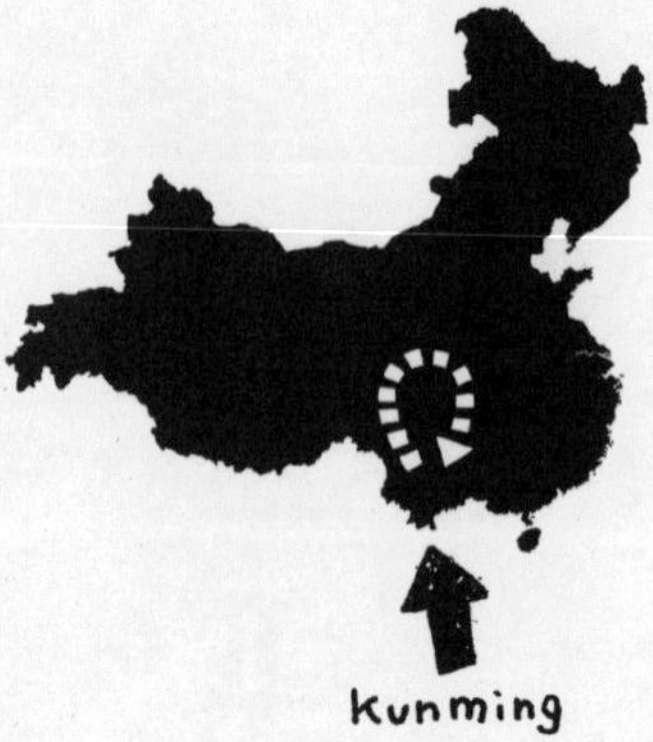

Ⅲ

「反日」の空気と愛すべき人々

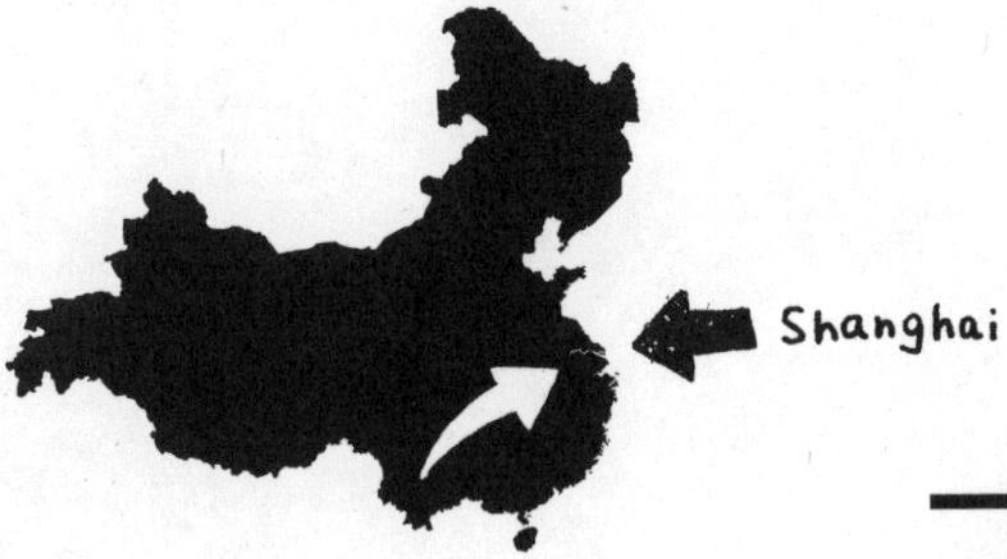

IV 上海

ブックデザイン　寄藤文平・北谷彩夏（文平銀座）

0 プロローグ

「……起きや、起きや。おーい……」

けだるさを身体に感じながらゆっくりと目を開けると、遠くには白い壁、その手前には複雑そうな医療機器、目の前には妻・モトコの顔があった。彼女はぼくの目を見ると、笑顔で言った。

「あ、起きた？　無事に終わったで……」

ぼくは「ああ」と、モトコの言葉で起きたような顔をした。しかしじつは、その少し前にすでに目を覚ましていた。目を覚ますとすぐに、自分が病院のベッドで寝ていることを思い出したが、身体がだるかったこともあり目は閉じたままでいたのだ。

そのときはまだ尻にカメラが入っていた。そしてカメラが尻の穴からスルッと抜け出る妙な感覚を感じながら、ああ、終わったんだ、と全身の力を抜いた。モトコの声を聞いたのはその直後のことだった。

「うわ、まぶしいな……」

そう思いながら目を開けると、彼女はちょっと興奮した様子で付け加えた。

「ポリープ、取れたで！」

身体はだるいままで力は入らなかったが、モトコのその言葉を聞いて、「そうか、よかった……」と、ますます力が抜けていった。

ぼくはこの日、人生初めての手術を受けた。大腸ポリープを内視鏡《ないしきょう》で切除するという簡単なものだったとはいえ、自分にとってはとても大きな出来事だった。

手術後しばらくは、まだ麻酔でウトウトしながら、尻に穴の開いた内視鏡用の紙パンツをはいたまま、ベッドの上で横向きになって寝そべっていた。そばでは若い女性看護師数人が、「あ、目を覚ましたのね、好、好（ハオ、ハオ）」とぼくの方を覗き込んで笑っている。近くには担当の医者もいるので、ぼくは思わず聞いてみる——良性でしたか？

すると丸顔で浅黒い肌の小柄な医者は、すぐに返事をしてくれた。

「対、対！　没問題（ドゥイ、ドゥイ！　メイウェンティ）」

うん、良性だ。大丈夫だよ、と。

二〇〇五年十二月十三日。この町に住み出して一年近くが経とうというときのことだった。ぼくが初めての手術を受けたこの場所は、中国南西部、雲南《うんなん》省の昆明（クンミン、こんめい）だった。


大腸の危険信号といえる血便を確認したのはその三カ月ほど前の九月、昆明のぼくたちの部屋のトイレでのことだった。

それ以前にもちょっと怪しげな便はあったものの、唐辛子かな、といつも自分をごまかしながら過ごしていた。しかしこのときは便の半分ぐらいが赤く粘っこい塊《かたまり》で、「なんだこれ!?」と、思わず凝視《ぎょうし》してしまうほどだったのだ。

いくら雲南料理が辛いとはいえ、さすがにこんなに唐辛子は食ってないな、と唐辛子説は一瞬で消え去り、もはや血であることを認めざるをえなかった。

赤茶色い自分の便のグロテスクな姿が頭から離れず、「あれは、やばそうだなあ……どうしよう、どうしよう」とウジウジしているぼくに、モトコが一喝《いっかつ》。

「明日、病院行ってきいや」

その言葉に尻を叩かれるように、翌日ぼくは意を決して、行き慣れない地区までバスに乗り、昆明で一番先進的らしい「昆明市第一人民医院」へ行ったのだった。

緊張しながら医者に会うと、「今日はどうしました?」と、中国語で会話が始まる。ここは昆明で唯一英語が通じる病院だという触れ込みだったので、ではここからは英語でお願いしようと思ったが、医者は明らかに中国語しか話せない。英語OK説はまったくのでたらめだったのかもしれない。それならばと、ぼくも昆明に来て以来勉強してきた中国語をフル稼働させてみたが、全然ダメだ。やれ大腸だ、やれ肛門だ、やれ痔だ血便だ、となると完全にお手上げだった。

よく自分の事情も説明できないまま、医者はいきなりぼくの尻に一〇センチぐらいの棒を差し込む態勢に入っている。びっくりして、ぼくは思わず尻の穴をすぼめながら「うわー!」と叫んでしまった。すると医者と看護師が声を合わせて、こう言うのだ。

「不痛、不痛!(ブトン、ブトン!)」

痛くないよ、痛くないってば!

まったく情けない男ね、といった顔で看護師の女性に笑われる。観念して、極度にこわばった身体の緊張を解いて、棒を受け入れ、中を覗いてもらった。入れてもらうと何も嫌がるようなことではなかったことに気がつき、赤面しながら笑ってごまかした。そして、確かにおれは情けない男だなと恥じ入っていると、医者が言った。

「中に痔があるね。奥は見えないから、明日、大腸の内視鏡検査をしよう」

いや、そう言ったはずだ。その場では聞き取れなかったのだが、紙に漢字で書いてもらうと、何やらそうらしいということがわかったのだ。

内視鏡検査——、尻の穴から腸へカメラを入れるあの検査だろう。その言葉にぼくはすっかりビビッてしまった。ここからカメラを入れるって？　それってみながいやがる痛いやつではないのだろうか？

「内視鏡」というだけでも恐れおののいてしまうのに、中国語でのやり取りだったので詳細もわからない。カメラ入れるってことは深刻なのだろうか。やっぱり痛いのだろうか……。いろいろと怖い想像が膨《ふく》らんでしまった。でも、もう覚悟を決めるしかなさそうだった。何よりも前日の血便がド迫力すぎたのだ。

家に帰って、ネットを駆使して内視鏡検査について調べてみると、痛い・痛くないの両説が無数に開陳されている。それらを読みまくって、いったいどっちなんだ、とぐったり疲れて眠りについた翌朝のこと。

八時から、リビングのソファに身を沈めつつ、もらった下剤を飲み始める。初めに飲んだ硫酸マグネシウムだったかが、この世のものとは思えない苦さだった。それでも、泣きそうになりながら二時間ほどかけて少しずつ飲んでいくと、確かに便は完全な透明になった。そして午後二時に病院へ。

諸手続きを済ませ、古い中学校の校舎のような建物の中を歩いて「胃腸鏡室」と書かれた内視鏡検査室に行くと、検査室の前の廊下は、がやがやと人でごった返している。いったいどーすりゃいいんだろう、とその人だかりを眺めていると、どうもここにいるみなが検査の順番を待っているようだった。

それぞれ自分の受けたい検査内容（胃か腸か。また、麻酔ありの「無痛」か、なしの「普通」か。「無痛」だと少し高い）を示すレシートのような紙切れを手に持っている（中国の病院は前払いなのだ）。もちろん列などはなく、ただ、前の人が終わって検査室のドアが開くと、一斉に「次はおれ！」「次は私よ！」と、押し合いながらそのレシートをわれ先にと医者に手渡そうとしているのだ。

これじゃまるで麵屋の注文と同じじゃないか……。ぼくは激しく面食《めんく》らった。

そうしてレシートを差し出す中の一人を、医者が「よし、じゃ、次はアンタね。ハイ、中に入って」と指名すると、その五分後ぐらいに検査開始という驚くべきシステムなのだった。しかも、検査中にドアが開いていることもあり、中の様子が廊下まで見えていたりする。カルテも何もあったものではない様子に、さすがに不安になった。

だが、この弱肉強食の世界で検査ベッドに滑り込むためには、なりふり構ってはいられない。ぼくも麺屋の要領で、「おれ！　おれ！」と必死に手を伸ばし自分のレシートをピラピラさせて医者の顔に近づける。すると何度目かでついに、「あいよ！」と選ばれ、順番が回ってきた。

恐る恐る検査室に入ると、中は案外近代的だった。だだっ広い部屋には、きれいな白いシーツの敷かれたベッドがあり、その横では賢そうな機器がピコピコと動いている。おっ、なんだ、中はいい感じじゃないか……、と少し気持ちが軽くなる。

すぐに検査用の下着に着替えて、指示に従ってベッドに横になった。「ニイハオー」と比較的陽気な医者が姿を見せ、不愛想な看護師が手早く準備をする。ぼくは保険に入っていたため自動的に「無痛」となっていて、麻酔の針を手の甲に入れられた。

液体が注入されるのを見ながら、どこまで起きていられるか試そうと思った。しかし、「まだまだ……」と思う間もなく、ぼくはすぐに心地よい眠りの中に落ちていった……。

起きたときには、すべてが終わっていた。まったく苦痛はなく、検査は無事に済んだようだった。さっきまでの不安な気持ちはすべて消え去り、にわかに気持ちが上向いた。すごいじゃないか、中国！　とぼくは一気に中国医療に信頼を寄せ、安心して「どうでしたか?」と医者に聞くと、「没問題(大丈夫)」と笑顔をくれた。その顔を見て、ぼくはますます気が楽になった。

麻酔が抜けきらないのでしばらくベッドに寝ている間に、検査結果の写真を渡された。明るいピンク色の自分の大腸の写真が四、五カット、一枚の紙に収まっている。診断結果は「慢性結腸炎《まんせいけっちょうえん》」。医者は、薬を飲めば治るよ、と言った。

「ああ、なんでもなさそうでよかった……」と脱力して、その写真を眺めていると……、あれ、大腸の壁面から何か突起物が出ているではないか。「没問題」なはずなのに、これは素人目にも何かである気がした。でも、書いてある中国語の説明がわからない。

気になったので、意識がはっきりとしてさあ帰ろうとなったときに、「この突起物はなんですか」と看護師に写真を見せながら聞いてみた。すると彼女は言った。

「ああ、痔ですよ、痔」

思いっきり腸の奥の方にあるのに、である。漢字で紙に書いてもらったので、そう言ったことに間違いはない。おかしいなと思いつつも、検査が終わったことで気持ちを楽にして家に帰ったが、その夜やはり不安になった。

もしやと思い、以前にも相談をしていた胃腸内科・肛門外科の医者の親戚に、メールで検査結果の写真を送って意見を聞くと、すぐに返信が届いた。その中にこんな一文が書かれていた。

「これはポリープですね。将来的に大きくなり少ないながらもがん化の可能性がありそうなものなので、切除をすすめます」

それを読んで、ぼくの身体は一瞬縮み上がるようにこわばった。

がん化の可能性——。

がんなんて自分にはまだまったく無縁で、どこか遠くで起きている話でしかなかったはずだ。まるで、なるべく距離を置こうと思っていた恐ろしい人物が、急に隣の席にどかっと座ってきたような気分だった。いったいどういうことなんだ、おれにがん化の可能性なんて……。完全に寝耳に水な、とんでもないことが自分の中で起こっているんだと意識した。覚悟を決めないといけないような気さえしてきてしまった。

しかし、そんなふうにぼくが思ったのは、ただその「がん化」という言葉だけが原因ではなかった。自分自身が身を置いていた状況とも関係があったことは間違いない。というのも、そのときぼくには、自分の生活について、いくつもの不安が渦巻いていたからだ。

旅の中を生き続けたいと、モトコとともに日本を発《た》ってからすでに二年以上がたっていた。

長期の旅をしたいという気持ちが一致して二人で旅に出ることを決めたのちに、無職のままで結婚し、その三カ月後に日本を出た。そうしてふらりふらりと日々を送り、いつしか昆明にたどり着き、二人で気ままに暮らしていた。

ただぼくには旅をする上で大きな目的があった。旅をしながらライターとして経験を積み、ルポルタージュなどを書くことで旅の資金を稼ぎ、持続可能な旅を続けていくこと。そうしていずれ、ルポライターとして自立できるようになることだ。数年の旅が、旅であると同時に、ルポライターとして独り立ちするための充実した修行期間となることを目指していた。一方モトコは、日本での会社員生活を離れ、それまでは考えられなかった長く自由な旅の日々を過ごしたいと思っていた。

旅に出る前、ぼくはライターとしての仕事の経験がほぼゼロに等しく、本当にそれでやっていけるのかどうか、まったくもって未知だった。だからモトコには、こんな約束、というか宣言をしていた。

「旅に出るのが三年ぐらいとして、その間はライターとしてやっていけるかがんばってみる。もしそれでメドが立たなければ、文筆業はあきらめて、日本に帰ったらちゃんと稼げる仕事をする。やるだけやってだめだったら、きっとあきらめもつくと思う」

しかし日本を出て二年を過ぎていたこのとき、ライターとしての活動はうまくいっているとはいいがたかった。東南アジアを北上していたときは、それなりに各地で興味深い話題を見つけてルポルタージュを書いて雑誌に載せてもらうということができていたものの、昆明で暮らし始めて以来どうも全然うまくいかない。おそらくこの年は、年収二、三〇万円というぐらいの収入のなさだった。それでも物価の安い昆明に住んでいる分には全然生活はしていけるのだが、ライターとしてほとんどするべきことができていないことにぼくは日々焦っていた。

このとき二十九歳。来年は三十歳になるのだ。

モトコにもちょくちょく、「大丈夫なん？」と言われていた。ただ一方で、食えてるとはいえずとも、日本を出たときのほとんど何も実績がなかったときに比べれば、進展がないわけでもなかったから、もうまるでだめなのであきらめようという状態でもなかったのだ。そして何より、まだあきらめがつく、という気分ではまったくなかった。

自分の性格的な問題や、長い間自分の足かせのようになり続けてきた吃音《きつおん》（どもり）の問題もあって、自分にはこの仕事は向いてないのかな、と思うときも多々あった。でも、切り替えて他のことができるほど割り切りはよくなかったし、まだなんとかなるという気持ちもあった。何もそんなに焦る必要はないんじゃないか、オレのペースでやっていこう、という気持ちが生まれるときもまたあった。

「がん化の可能性」が自分のテリトリーに入ってきたのは、そんなときだったのだ。

その言葉を聞いて、突然時計が、カチッカチッと音を響かせながら時を刻み出したように感じた。人生が急に大きく先に進んでしまったように思えた。たかがポリープで情けない話なのだが、大げさにいえば、がん化の可能性が自分の問題となることによって、人生観が変わったというぐらいのインパクトがあったのだ。自分のもろさを痛切に感じ、ぼくは、右往左往しながら、今後のことを真剣に考えるようになった……。

その後、病院でもらった薬によって血便はよくなったが、ポリープは取らなければとずっと気になっていた。そして一カ月ほどが過ぎた十月後半のある日、ぼくにダメ押しを食らわす驚くべきものが体内から出てきた。

これまた部屋のトイレで、大便を終えて流そうと思ってふと便器を見ると、便の中に一〇センチほどの白いうどんのようなものが二本混じっていたのだ。一瞬なんだかわからなかったが、よく見るとそのうちの一本はヌルヌルと動いている。その姿を見て、ぼくは思わず身震いした。

「うわ、これ、回虫じゃねーか！」

回虫の話は、昆明に来て以来ちょくちょく聞いていた。同年代の日本人の女友だちも山登りをしているときだったかに、屋外で便意をもよおして踏ん張ったら、なんと巨大なミミズのような回虫がひょっこりお尻の穴から飛び出てきたんだよと教えてくれた。その話を聞いたときは、「まったくありえないな、この人は……」と笑っていたのに、八カ月ほどの雲南生活によってついに自分の中にも回虫が巣食うようになっていたのだ。

回虫はポリープとは直接関係ないだろうけど、不安を増大させるには十分すぎる役割を果たした。いったいおれの身体はどうなってるんだと、落ち着かなくなり、もうポリープもさっさと切除してしまいたくなったのだ。気が変わらないうちにと、十一月に入ってすぐに再度病院に行った。

すると医者はこう言うのだ。

「いま内視鏡が壊れてるから二十日後ぐらいにもう一度来てくれ」

覚悟を決めて行くと力の抜けるこの返答。さすがだ。が、壊れていると言われればどうしようもないので、指示の通り、翌月に入ってからまた訪ねた。そして今度こそポリープ切除となったのだ。

ポリープ切除は、「手術」というだけあって、前回の検査に比べるとさすがに多少気合が入っていた。検査室に行くと、すでにぼくのポリープ画像がモニターに映し出され、医者が見つめていた。それだけで安心してしまった。

しかも今回は、簡単ながらも手術だということで、同意書のような書類にサインを求められる。「消化管出血、消化管に穴が開く、手術失敗、○×が起きても……」などとおどろおどろしいことが書かれた箇所があったが、医者がそこを指して「ま、普通は大丈夫だよ」とあたかもたまには起こってそうな様子でぼくに言った。ぞっとしたが、選択肢はないのでサインをした。ぼくだけでなく、一緒についてきてくれたモトコもした。

「よし、いよいよだ」

サインを終えてついに自分の番という段階になったが、ぼくは検査用の紙のパンツを、下に自分のリアルパンツをはいたままで着てしまい、看護師に、「あははは、下着は脱ぐのよ」と笑われた。あ、そうでしたか、ははは、と恥ずかしくなりつつ笑って、もう一度脱いではき直していると、もたもたしていたせいか他の人の検査が先に始まってしまい、またしばらく待たされた。

そして今度こそ、ぼくの番となった。モトコが手術を見たいと言うと、「ああ、いいよ」とあっさり承諾《しょうだく》される。なぜか今回は麻酔はしない予定だったようで、あわてて、「してください」と頼むと、前回同様、手の甲から麻酔を入れられ、あれよあれよという間に意識が遠のいた。こんな少量の液体で、人間ってなんてやわなんだ……と思いながら、ぼくの頭のスイッチはオフになった……。

手術が始まった。

一部始終を見学したモトコによれば、担当の医者に加え、助手やら看護師やら、なぜか外科の医者まで合計一〇人くらいで取り掛かった。看護師三、四人はそばに立ってモニターを見ながら、腕を組み合って何か耳打ちしたり、楽しそうに笑ったり。まるで学生の社会科見学ムードだったという。そのせいか、看護師による麻酔追加の作業もどうも危なげに見え、モトコは気が気ではなかった。一方、医者は腸に集中してカメラを挿入していく。だが、カメラは何度も腸の壁にぶつかり、おっとっとな展開に。

しかしなんとか二十分くらいで医者がポリープをつかみ、焼き切った。すると看護師たちから掛け声がかかった。

「好！（ハオ！）」

ポリープは切除された。手術は三十分ほどで無事終了した。そして、ぼくはモトコの声で目を開けて、ポリープが切除されたことを知ったのだった――。

その夜は一晩入院することになった。夕食はなんと、町の食堂と同じ油ギトギトの豪快中華。青椒肉絲（チンジャオロース）と卵スープに、その他三皿の炒め物とボウルに入ったご飯が並べられた。見舞いに来てくれた友だち二人とモトコとともに、「激しく腸に悪そうだけど……」と驚きつつもがっつり食べて、眠りについた。

翌朝。

起きたらいきなり悪寒《おかん》がして、熱もありそうだった。それでもとにかく帰りたかったので「もう退院していいですか？」と聞きに行くと、「ちょっと待って」と言われ、待たされた。

しばらくすると、多少英語を話す医者が来て、軽く問診。しかしどうも言っていることがよくわからないし通じない。おかしいぞと思っていたら、彼は「腸（intestine＝インテスティン）」のことを、ずっと「インスティテュート（institute＝研究機関、原理など）」と言っているではないか……。

仕方ないのでそのまま流し、ぼくは、風邪っぽいことを訴えた。すると、しばらく考えてから、彼はこう言った。

「君はもう一日入院しなければならない」

えっ？ と思い、

「いや、お腹は痛くないし、腸もなんともないので、家に帰りたいのですが」

と主張すると、いきなり彼は、

「うん、帰ってもいいよ」

と、数秒で、耳を疑うようなコペルニクス的転回を見せた。「じゃあ、薬を持ってくるから待ってて」と、薬を四箱持ってきた。腸の薬は一箱のみで、三箱が風邪薬だった。

家に帰ってから体調はみるみる悪化し、翌日、翌々日は三九度前後の熱が下がらずにうなされた。症状が完全な風邪なので、寒さ対策を怠ったせいだろうと自分に言い聞かせたが、こう絶妙のタイミングで熱が出るとついつい手術と関連づけてしまいたくなる。いやきっと、何かに感染したにちがいなかった。


いずれにしても、こうしてぼくの身体からはなんとかポリープが取り除かれた。まったく中国の病院はワイルドすぎたが、とりあえず「がん化の可能性」はリセットされたはずだった。

しかし、がんが身近になったことで、ぼくは自分の人生の持ち時間というものを急に意識することになった。ダラダラしていたら終わっちまうぞ、このままではダメなんじゃないか……。

ポリープがなくなっても、ぼくを取り囲むあらゆる不安定さは相変わらずだった。年齢は、さばを読まなければ間もなく三十歳。年収は、少しさばを読んでも三〇万円。ライター業はぱっとしないし、そろそろモトコも「もう、あきらめや」と言ってくるかもしれない。何か打開策がなければ、すべてがこのまま中途半端に終わってしまいそうな気がした。

日本を出て、もう二年半。

最初の一年、オーストラリア、東ティモール、インドネシアにいたころは、ただただすべてが楽しかった。オーストラリアでイルカと暮らし、オンボロバンで豪州《ごうしゅう》大陸を縦断した。東ティモールでは、誕生間もない国が自ら立ち上がっていこうとする熱気を吸い込み、さらにインドネシア南東部レンバタ島のラマレラでは、人間とイルカの海の上での真剣な戦いに心も身体も揺さぶられた。そのすべてを、毎日興奮しながら味わっていた。そして、シンガポール、マレーシア、ブルネイをへて、タイへ。次なる定住予定の地、中国を目指して、ぼくたちは東南アジアを北上していった。

しかしそのうち気がつくと、旅が、ただの楽しい旅というだけではなくなり、自分たちにとってそれ以上の意味を持ち始める時期に入っていた。だんだんと近づいてくる中国という国が、ぼくらにとって、他の国とは比べられないほど巨大な存在感を持ち始めるようになっていった。

中国を意識し始めたのはいつぐらいからだったろう。明確にどこから、というわけではないものの、東南アジアもだいぶ北に上がり、タイ北部に着いたころからであったように思う。それはタイが、この旅で訪れた初めての仏教国だったこととも関係があるのかもしれない。

タイ北部のチェンマイでの思わぬ仏教体験以来、ぼくらの旅は、中国に向かって一気に動き出していった——。

I

中国直前（タイ、ビルマ）

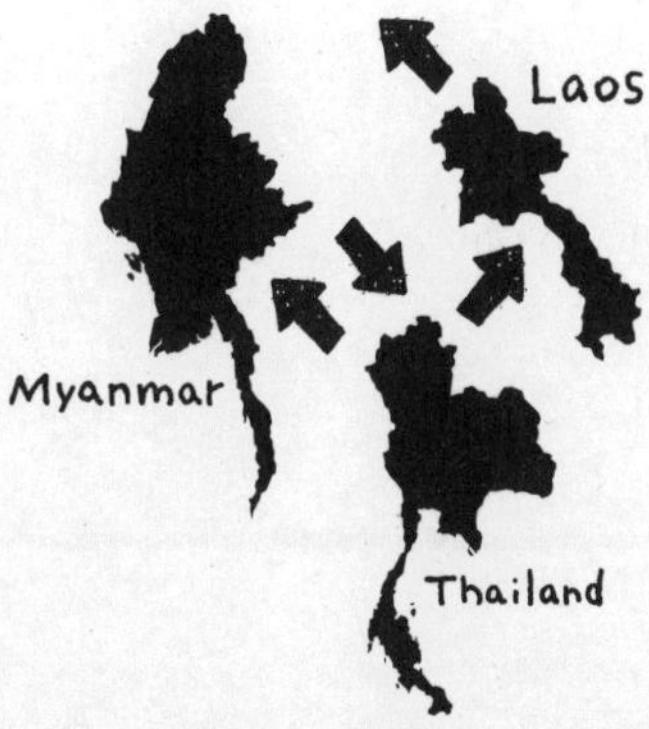

1 一日十八時間のメディテーション

二〇〇四年九月──。

ぼくとモトコは、数日間ほとんど口をきかずに過ごしていた。口をきかないだけではない。食事も別、寝泊まりする部屋も別だった。二人旅のストレスがいよいよ爆発して、ついに別々に旅を始めた……というわけではない。このときぼくらは、タイ北部、チェンマイの街なかから少し離れた山の中の寺、ワット・プラタート・ドイ・ステープでメディテーション（瞑想）の修行をしていたのだ。

一切他人とコミュニケーションを取ってはならない。もちろん夫婦でも会話はだめで、一人ずつに個室が与えられた。読書や書き物などを含めて娯楽的なことはすべて禁止。その上さらに、昼の十二時以降は一切食べ物を食べてはいけない。それらを守って、ただひたすら朝から晩までメディテーションに集中しなければならない。そんな日々を、数日ではあるものの送っていた。

朝は四時に銅鑼《どら》が鳴り、その直後から道場に行ってメディテーションを始める。朝食は七時で、道場でもらえるささやかな食事を部屋に持ち帰って一人静かにそれを食べる。食べ終えたらまた道場に戻ってひたすらメディテーション。十一時になると昼飯をもらってまた部屋に戻り、食べる。午後も同様で、途中、僧侶から指導を受ける時間以外は、夜十時ごろに寝るまでひたすらメディテーション三昧《ざんまい》となる。

それが一日のサイクルだ。昼十二時以降は飲食禁止なので、もちろん晩飯はない。午後は、飲み物以外は一切だめ。朝飯、昼飯を済ませたら、あとは翌朝の朝食まで、何も食べられないのだ。

これを二十一日間続けるのがフルコース。その期間の長さには驚愕《きょうがく》するが、途中でやめるのは自由、ただ、最低三日以上はやってくれ、というのが一応の決まりだった。

メディテーションは、座るのと、立って歩き回るのがあり、その両方を交互に繰り返しやっていく。

座る方は、足を組んで腰を下ろし、じっと自分の呼吸だけに注目する。何も考えないのではない。そうではなく、ひたすら自分の身体の動きの細部に神経を集中させろ、と教えられた。足が痛くなったら、「痛い」という事実に神経を集中させる。そうやって一つのことのみに意識を集中させることによって、他の雑念を追い払うのだ。この方法はかなり合理的で、実際に効果があった。だが、それでももちろん雑念は生まれてくる。それに対して僧侶はこう教えてくれる。

「雑念の存在をちゃんと認識するんだ。すると逆にそれを追い払えることがある」

歩くメディテーションもまた同じ。一歩一歩の足の動き、手の動き、呼吸の音を意識する。自分の身体がいまどう動いているかだけに、全部の神経を集中させるのだ……。

ぼくがあてがわれた部屋は、寺の敷地の端っこの木に囲まれた寂しげな場所にあった。四畳半ほどの小さなもので、板敷きの床に古い赤カーペットが敷かれ、その上に木箱のような硬くて渋いベッドが一つあるのみだった。面白みのあるものは何もない。また、女性の部屋は遠く離れた場所にあり、ぼくはモトコがどこにいるのかすらも知らなかった。

　朝はできるだけ銅鑼に合わせて四時すぎには起き、すぐに部屋を出て道場へ向かった。チェンマイの街なかはこの時期、日中になると強烈に蒸し暑くなったが、ちょっと山の上に上がっただけでこの寺はとても涼しかった。まだ薄暗い早朝は、肌寒いほどだった。

　そんな中、上下とも真っ白なTシャツと麻のパンツをはいて、ビーチサンダルをペタペタいわせながら境内を歩いた。格子柄の石のタイルが敷き詰められたその境内には、金色の細かな装飾が施された赤い屋根と白い壁の寺院の建物が広がっている。建物の脇に並ぶ小さな鐘の列の横を通り抜けていくと、子どもたちが経をあげる声が聞こえてくる。全身に染み込むような澄んだ声で、キリリと引き締まった空気とともにその声を吸い込むと、少しずつ目が覚めてくる。

　自分の部屋から道場までのわずかな距離を歩くこの時間は、外を思いっきり自由に歩くことができる貴重な時間だった。そしてときにちょっと寄り道をして、境内の端っこから寺の外を眺め下ろした。山の下にはチェンマイの町が一望できる。周りを山に囲まれた様子は、モトコの故郷・京都を思い出させた。古都であり、三〇〇ともいう多数の寺院が存在するのもまさに京都のようだった。

　早朝のこの時間、きっとまだ町の機能の大部分は動き出していないだろう。でもそこに自分の知らない無数の人生があり、いま動き出そうとしていることを思うと、なんだか不思議な気持ちになった。

旅を始めてこのとき一年と三カ月ほどになっていた。その間にいくつの町を通過してきたことになるのだろう。新たな町へと進むごとに、ここにまた、同じ時代を生きながらもおそらく一度も会うことがないだろう人生がいくつもあることにぼくは圧倒されていた。わずかな時間だけでもその中に入り込み、誰かと一言、二言、言葉を交わすことで互いの人生が重なりを持つ。そうして自分が悩み喜び笑い泣いているのと同じように、自分の知らない無数の場所で、いくつもの人生がいま同時に進んでいることを実感することこそが、自分にとって旅の面白さの一つでもあった。加えて、自分が明日どこで何をしているのかがわからない、どんな人と一瞬を共有するのかもわからないという中に生きていることが、ぼくにとっては大きな喜びとなっていた。

タイ北部の、先週までは縁もゆかりもなかった山の中の寺院で、ちょっとしたきっかけから修行体験をすることになり、早朝四時すぎに寺の境内からチェンマイの町を眺めている。そのこと自体が、ぼくにとっては旅の醍醐味ともいえたのだ。

しかし一方、一時的ではなく、ずっと、終わることなくこの寺で暮らし修行に励む僧侶たちは、いったいこの風景をどんな気持ちで眺めるのだろう。ふとそんなことも思いながらその場所を離れ、ぼくは道場へと足を向けた。

道場は、何十畳かはあるだろう広さで、グレーの薄いカーペットが敷かれ、白い壁には、青い布がカーテンのように全体にかかっていた。物といえば正面の棚に小さなブッダの像があるぐらいだ。朝、道場に着くといつもすでに誰かいた。それがモトコであることもあった。しかし誰一人、声はまったく発しない。歩くメディテーションをする人によってわずかにきしむ床の音以外、完全な静寂に包まれていた。

その時間からひたすら座り、歩くのだ。


食事は小さいビニール袋に詰め込まれた食べ物を部屋に持ち帰って一人寂しく食べる。大抵、ご飯と炒め物。それらは案外おいしかった。炒め物には肉も入っていてちょっと意外に思ったが、仏教では必ずしも肉を食べてはいけないということはない、とのことだった。


午後は毎日、僧侶との面談がある。僧侶を前に、フローリングの床に正座をして指導を受ける。ぼくらを指導してくれた僧侶はプラ・ノアといい、いつも丁寧に一人ひとりの状況を尋ねた。そして、

「じゃあ、次のステップに進もう。これからは十分おきに座る・歩くを繰り返すように」

などと指示を与えてくれるのだ。台座のしっかりした木製のイスの上で胡坐《あぐら》をかいた僧侶が、こうして経験の少ない修行者を指導するのは、タイのメディテーションの一般的な形なのかもしれない。ただおそらくその一般的な形と違ったのは、ぼくらが日本人であることに加え、指導する僧侶がカナダ人であることだった。

だがこれは偶然ではない。というのは、もともとぼくがワット・プラタート・ドイ・ステープでメディテーションの体験をしたいと思ったのは、このカナダ人僧侶に話を聞こうと思っていたためだからだ。

僧侶は右の肩から腕にかけてを露出させるようにして黄色い袈裟《けさ》（ローブ）を身に着けている。そこから見える彼の肌は、完全に白人のものだった。

細い身体と剃《そ》り上げた頭、そしてメガネをかけた彼は、神経質そうな雰囲気と西洋人的快活さを兼ね備えていた。ときどき見せる陽気な笑顔は、宿で会う同年代の白人旅行者そのものに見えたが、彼はとても禁欲的な日々の中に生きていた。たとえばプラ・ノアは、モトコに何かを手渡すときはいつも、ポンと軽くモトコの前に投げて渡した。女性とは同じものに触れ合ってはいけないという教えがあり、それを忠実に守っているのだった。

彼はどうしてタイで仏僧になろうとしたのか。話すたびにぼくはそんなことを彼に聞きたいと思っていた。だが修行中、ぼくとプラ・ノアの関係は完全に師と弟子で、こちらから余計なことを話しかけることはできなかった。ぼくは師の問いに答え、指導を仰ぐのみである。彼の指示を聞き、ちょっとは自分にも変化があるのかなと確認しながら、また夜までひたすらメディテーションを続けるのだ。

しかし、この生活——。思っていた以上にきつかった。ぼくもモトコも、早くも三日で音《ね》を上げ始めてしまった。

三日目、いよいよ今後のことについて話さなければと、隙を見てモトコと道場の裏で待ち合わせ、短い「密会」を決行した。まるで中学時代の体育館裏のような懐かしさだ。誰にも見られていないことを確かめて、久々にモトコと「再会」し、会話する。

「どうするよ？　きつくないか、これ？」

と聞くと、飄々《ひょうひょう》と修行に励んでいるように見えたモトコは、じつはぼく以上にきつかったらしい。

「もう、あかんわ。爆発しそうやわ！」

意外にもすでに限界という感じだった。さらにモトコは衝撃の告白をした。

「私、もう部屋ではポテトチップスとか食べてるで」

ぼくは、午後に何も食べないということだけは、きつくともできる限り守ろうとしていたが、モトコはしっかり部屋で腹を膨《ふく》らませていたのである。

ただぼくにとっては、食事の制限以上に、部屋で何も読んでも書いてもいけないというのがまったく無理だった。禁止されるとむしろ精が出てしまうのか、ぼくは日ごろより読書のスピードが上がり、持っていた『点と線』の文庫本をメディテーションの合間に半日で読み終え（もともと読むのがかなり遅いので一冊を半日で読み終えることなどほとんどない）、次の本、三島由紀夫の『永すぎた春』へと進んでいった。どれも安宿などで見つけ、交換してきたものだ。

自分たちがそんなだったので、道場で涼しい顔して毎日修行に励む他の人々も、もしかしたら、部屋では別人に変貌しているのかもしれない、と想像した。

「もう帰りたいな」と二人の意見は一致した。にもかかわらず、何がぼくらを思いとどまらせたのか、秘密の会合では、「とにかくあと二泊がんばろう」ということになった。そうして一人ずつその場を離れ、互いに再びメディテーションへと戻っていった。

一方、その日の夜、ぼくの部屋の隣の空間には、新たにイギリス人の男性が入ってきた。ちょっと挨拶《あいさつ》を交わして話してみると、

「やっぱり、タイに来たらメディテーションがやりたくてね。いまからワクワクしてるよ」

などと、これから始まる修行への熱い思いを語った。「おれはやっちゃうよ、きつくた

って当然さ」といった自信ありげな様子だった。結局そのとき以外彼と話すことはなかったが、どうやら彼は一日でこの修行がそんなに容易ではないことに気づいたらしかった。

翌日、彼の部屋からは、

「ファーック、ファーック！」

と、静かに、しかしやたらと気持ちが込もった悪態が聞こえてきたのだ。口ほどにもないやつだな、と思いつつ、やっぱり結構きついんだな、とぼくは納得した。そしてこんな生活を期限なく続けているプラ・ノアたちのすごさを改めて感じるのだった。

2

元旅人の西洋人僧侶、プラ・ノア

「タイ仏教では、守るべき戒律が複数あるんです」

チェンマイの他の寺院で会った僧侶がそう教えてくれた。その戒律は、一般人と僧侶で異なる。一般人が守るべきものは次の五条なのだという。

一　生き物は殺してはならない

二　盗んではいけない

三　一つの愛を貫くこと
四　嘘をつかない、汚い言葉を口にしない
五　酒を飲まない

これはどれも、意識的にやっていけば、どうしても実現できないということではないかもしれない。

二十歳未満の少年僧はこれが一〇条になる。そのうちの五つは、右の五つ。ただし、三つ目だけは「一つの愛を貫くこと」ではなく「女性に触れてはならない」と、格段に厳しくなる。そしてその上に次の五つが加わって一〇条となるのだという。

六　午後に食事をしない
七　歌や踊りをたしなんではならない
八　香水をつけてはならない
九　金銀を身に着けてはならない
十　高い贅沢なベッドに寝てはならない

二十歳を超えた僧侶たちには、さらにいろいろと加わり、戒律はなんと全部で二二七条にもなるという。

この生活を数日疑似《ぎじ》体験しただけでも、タイで僧侶として生きることの厳しさが垣間見えた。日本でお坊さんになるのとはまったく違う次元の覚悟が必要なように思えた。しかし、だからこそ、タイの社会は僧侶を大切にする。一般の人も僧侶によく喜捨《きしゃ》する。また、僧侶は公共の交通機関には無料で乗れるという。社会が彼らに敬意を払い、僧侶が教えを守りながらも生活を続けられるような環境が作られているのだ。

ちなみに、一般人も守らなければならない先の五条にもある「生き物は殺してはならない」という戒律は、肉を食べてもいいこととはどう両立するのかとプラ・ノアに聞いてみると、

「自分で殺さなければいいんだよ。だから市場に売っている肉だったら食べてもいいんだ」

とのこと。若干、腑に落ちないものを感じたが、その辺がタイっぽいファジーさなのかもしれないと解釈した。

そんなことをいろいろと考えながらぼくは、自分たちを指導してくれるプラ・ノアが、どうしてこのような生活をしにはるばるカナダからタイへやってきたのかが、ますます気になってきた。

そして四日目も同じように、起きて座って歩いて食べて読んで寝る、という字面だけ見るとぐうたら男のだらけた休日のような、でもハードな一日をなんとか乗り切ると、いよいよぼくらが決めた最終日がやってきた。

その昼、プラ・ノアに会って、今日で修行を終えます、と告げた。すると彼は、いつも通りの大きなイスに胡坐をかいて、斜め下方にいるぼくらに目線を向けながら、残念そうな顔をした。

「もう少しがんばってみないか。きっともうすぐ何か変化があるはずだから」

そう熱心にぼくらに訴えた。その上、こうも聞いてくる。

「光が見えることはなかったか？」

まさかと思いつつも、改めて考えてみると、もしかしたらこれのことかな、という瞬間がないこともなかった。光が見えたかどうかはわからないものの、座ってメディテーションを続けていたときに、何かふと、違った感覚になったような気がしたことはあった――そう話すと、プラ・ノアは、「それだよ、それ」という顔をしてさらに言った。

「もう少しだよ。もう何日かやれば、それがもっとはっきりとしたものになるはずだ」

半信半疑ではあったが、そう言われて少し心躍るものがあった。

しかし、このときにはすでにぼくの集中力は切れていた。たとえ何か変化の兆《きざ》しがあったとしても、自分にはそれを確かめるだけの忍耐力はもう残ってはいなかった。モトコにしても、頭の中はこれから町に戻っての食事のことでいっぱいだったはずだ。あとから聞いたところでは、なぜか、「ああ、エビフライが食べたい……」とやたらと思うようになっていたらしい。

そんな気持ちを、プラ・ノアに正直に告げた。すると彼は、それならわかった、と理解してくれた。ぼくは、自分の目的を果たすべく彼に尋ねた。

「できればあなたの話を聞かせてくれないか」

と。ぼくは彼のことを、唯一連載していた短編の人物ルポに書きたいと思っていたのだ。プラ・ノアは快諾してくれた。彼に毎日指導を仰いでいたのと同じ部屋で、でも今度は同じテーブルに向かって同じ高さのイスに座って、ぼくは彼の話を聞いていった。

*

この四、五日の間、プラ・ノアの生活を疑似的に体験し、毎日彼と面談しているうちに、彼はぐっと自分にとって身近な存在になりつつあった。

彼の透き通った小さな声には、いつも熱がこもっている。なんとか少しでもブッダの教えを、瞑想の力を理解してほしい、そして苦しみから解き放たれてほしい。そんな気持ちが感じられ、メディテーションをしながら、ぼくの頭の中にはいつも彼の声が響いていた。仏教の世界を垣間見に来る旅人たちを、彼は真剣に指導していた。

プラ・ノアは、いまは黄色のローブを着て、頭を剃《そ》り、僧侶として生きている。しかし彼自身がぼくたちと同じ立場であったのはそう遠い昔のことではなかったのだ。

「ぼく自身、五年前は、一人の旅人だったんだ」

それがいま、僧侶として旅人に接する立場になった。

「昨晩は一睡もせずにメディテーションをしていた。三日前もそうだったよ。夜寝ない人というのは、次のどれかに限られる——女のことを考える男、男を狙う女、金や宝物のことを考える人、盗人《ぬすっと》。あとは、涅槃《ねはん》を目指す僧侶だ」

そう話すプラ・ノアは、一人の確固たる僧侶であると同時に、一人の同世代の西洋人でもあった。同じく旅をしながらも、自分とはまったく異なる道を選んだ彼の言葉に、ぼくは引き込まれていった。


幼いころから、「神」を意識していた、と彼は言った。五歳ごろに見た「悪夢」がいまでも忘れられない。

「兄が父親を殺すんだ。いまでも兄が刺す場面がちゃんと思い浮かぶ。その夢から覚めたとき、結局はみんな死ななきゃならない、ということに突然気がついたんだ」

学校へ行くのは、仕事をするのは、なんのためか。結局はすべて死ぬためなんじゃないのか。そう思ったとき、どうにかしてそんな流れの中から飛び出したくなった。

学校をやめ、酒や薬物におぼれて過ごした。その日々は楽しくもあったが、ひどくけだるく、いつもどこかで別なものを求めていた。

「十六歳のとき、道教についての本と出合ったんだ。数ページで心を動かされたよ」

そうして中国へ憧れを持つようになり、宗教の世界に目を向けるようになった。

しかし、いよいよ中国へ足を踏み入れるという直前にタイを旅したことがその後の人生を変えることになった。二カ月間何もせずに、ただ酒を飲んでダラダラするだけの日々をタイで過ごし、ようやく中国に行こうと飛行機のチケットまで買ったのだが、その前に立ち寄った寺院で体験した一カ月間のメディテーション修行によって、彼の生き方は決まった。彼は強烈に、タイ仏教の世界に惹《ひ》かれていったのだ。

幸せを感じながら二年間の修行に励んだ。そして迷うことなく彼はタイで僧侶として生きる道を選んだのだ。

「初めてこのローブを着ようとしたとき、ローブが私の体に飛びついてきたんだ。まさにこれは自分の天職なんだと思ったよ」

それから三年がたった。プラ・ノアはこのとき二十五歳になっていた。

彼は「プラ（＝僧）」を「完璧な職業」だと表現した。誰も傷つけず、誰とも争う必要がない職業は、これ以外にないはずだと彼は信じている。

ぼくが、いまの生活の最大の喜びは何か、と聞くと、プラ・ノアはこう言った。

自由だ――と。

「僧侶になってぼくは、すべてから自由になり、何も心配することがなくなったんだ」

まったくためらうことなく彼はそう言ったのだ。

一点の迷いもないようにそう言う彼に、ぼくは驚いた。守るべき二二七もの厳しい戒律があり、その生活が自由であるようにはまったく見えなかったからだ。ただ、数日とはいえ彼と毎日接してきた様子を思い出し、この人は本当にいま心から自由であると感じているのかもしれないと思うと、ぼくは激しく羨望《せんぼう》をおぼえた。

自分はいま、すべてを自分たちの好きに決められる圧倒的な自由さの中にいながらも、決して心から自由であるとは感じることができないでいた。何にも縛られないような生活をしていても、決してそこまで自由であるような気はしなかった。

ぼくは自由を求めながらも、自分で自分を縛りつけて、自由を失っているのかもしれなかった。あれをしなきゃいけない、こうでなくちゃいけない、と。その一方プラ・ノアは、あんなに厳しい生活をしながらもすべてから自由になったと感じている。だとすれば、結局自由であるかどうかは、自分がどのような行動をとって暮らしているかとは関係がないのではないか。

そしてさらに思った。本当に自由になるということはきっと、すべての欲から解放されることなのだ、と。プラ・ノアと話しているうちに、そのことがずっと理解できたような気がした。

だが、すべての欲と無縁になることなんて、本当にできるものなのだろうか。ぼくにはそれがわからない。

プラ・ノア自身にも、その答えはわかっていないのかもしれない。その答えが得られていないからこそ、ときに夜を徹して瞑想に励み「涅槃」を目指すのではないのか。

「この生き方こそが自分らしいんだろうな。だからローブを脱ぐことは決してないと思う」

そう言ったときのプラ・ノアは、一人の僧侶というより、僧侶という生き方を選んだ一人の西洋人の若者だった。

話を聞き終えたあと、荷物を持って、気持ちばかりのお布施を寺に置いて、プラ・ノアに別れを告げた。

「できればメディテーションをこのまま続けてくれよな。これからも元気で」

彼はそう言って、一人の若者の笑顔でぼくらを見送り、僧侶らしい静かな後ろ姿で寺の中へと戻っていった。

その姿を見ながらぼくは気がついた。自分もまた、中国に向かう途中にタイでメディテーションをしているという点では、彼と同じであることに。

しかし、ぼくらはこれから中国に行く。もうしばらく北上の旅を続けながら、おそらく数カ月後には中国に着く。

すべては結局死ぬためにある——。プラ・ノアのその言葉は、自分もときどき感じることがあるものだった。とすればぼくは、少しでも納得して死んでいくために、いまこうして旅をしているといえるのかもしれない。

彼はタイにとどまり、旅人から僧侶となって、「自由」を手に入れた。自分は、プラ・ノアがたどり着かなかった中国に行って、いったい何を手に入れるのだろうか。

ぼくの中で中国が、少しずつ具体的な姿をともなって意識の中に上り始めていた。

3
日本人旅行者の死から見えた〝日本〟

タイは四つの国と国境を接している。南はマレーシア、南東はカンボジア、北東はラオス。北西から西にかけてはビルマ（ミャンマー。当時の自分たちの呼称に合わせて以下ビルマに統一する）だ。

ワット・プラタート・ドイ・ステープでの瞑想の日々が終わり、チェンマイで数日飲み食いに励むと、さらに北西に移動した。そして、タイのほぼ北端のメーサイから、メーサロン、メーホーンソン、メーソットという具合に、ビルマとの国境そばを北から反時計回りに動いていった。

この国境近傍は、実に興味の尽きない一帯だった。

チェンマイからまず、国境の町メーサイを訪れ（ここからビルマに入国できる。ぼくらはこのとき、タイの滞在資格を延ばすため、半日だけビルマに入った。一度国境を越えると、さらに一カ月ビザなしでタイにいられるようになる）、それからぼくらはメーサロンという中国人の村に向かった。なぜこんなタイの山奥に中国人の村があるのかといえば、これは「残党村」なのだ。すなわち、毛沢東《もうたくとう》率いる共産党軍との戦いに敗れた国民党の軍隊の一部が逃げ延びて作り上げた村なのである。

中国では第二次大戦の前後をまたいで国民党と共産党の内戦、いわゆる「国共内戦」が続いていた。その戦いは、一九四九年、共産党が勝利し、毛沢東をトップに据えた中華人民共和国が建国されることで終結する。

蔣介石《しょうかいせき》率いる国民党の国民革命軍の大部分は、共産党に敗北したあと台湾へ逃れたが、中国南西部の雲南省にいたその一部は、より近くの東南アジアへと逃げ延びた。徒歩や馬で南下し、まずビルマへ渡り、それからタイ北部までやってきた。そうしてたどり着いたのがここ、メーサロンなのだ。

彼らはこの地で訓練を続けながら、いつか再び中国へ攻め入り、国民党による「中華民国」を復活させる日を夢見ていた。その間の生活の糧《かて》は、アヘンの栽培によって得た。この地域は、「ゴールデントライアングル」と呼ばれる世界の一大麻薬地帯なのである。また、この地にとどまるために、当時タイで勢力を強めていたタイ共産党の軍とも戦うことを余儀なくされた。

そのように生き延びる方法を模索しながらなんとかこの地を拠点として、台湾からの指令を待った。しかしその指令が来ることはついになかった。

何十年もたつうちに、いつしか人々はこの地に根を張り出した。ここタイで国籍を取得してタイ人として暮らすために、武装解除に応じ、麻薬取引からも手を引いた。そしてメーサロンは、お茶を主な産業とした平和な中国人村となっていったのだ。

村は、緑溢《あふ》れる山奥の一本の尾根上に細長く延びていた。その尾根の上をなぞるメインストリートの左右には、漢字表記の看板とお茶屋さんが並んでいる。歩くと、東アジア系の顔立ちの人の姿が多数見え、中国語らしき言葉がほうぼうで聞こえてくる。

「ニイハオ!」

と挨拶《あいさつ》すると、見た目《め》にもきっと同じ中国人だと思われたのだろう。お茶屋の店員のおばちゃんや女の子が、次々に中国語で話しかけてくる。だが、彼らが何を言っているのかほとんどわからない。ただ笑ってごまかし、「日本人です」と、正しい発音がわからないまま「リーベンレン」と繰り返した（日本人の意味。ただし、「リ」も「レ」もカタカナ表記と実際の発音はかなり異なる）。

餃子《ぎょうざ》屋があり、水餃子と焼き餃子を食べた。朝のマーケットであんまんとおこわを買った。どれもおいしかった。中国がそのまま、移転してきたような場所で、この地にいると、中国が本当に近いことが感じられた。

中国人村メーサロンのあとは、南北に延びるビルマとの国境線に沿う形で南下していった。ここでぼくたちは、残留日本兵と呼ばれる人たちの存在を知った。それは、戦争が終わったあと、なんらかの理由で日本に帰らず現地にとどまることを決めた元兵士たちだ。みなそれぞれ終戦後に収容所を脱出するなどしてこの地に住み出したのだ。

メーホーンソンでは、いまは亡き残留日本兵の家族に出会った。ちょっとした情報から彼らの存在を知り、探してみるとすぐに会えた。その家族が、元日本兵の本名すら知らないいまま、長年一緒に過ごしてきたことを聞いて驚いた。彼の妻も、息子も、孫も、彼のことを「ラペ」というこの地でつけられた名前のみで知り、彼が過去に何をしていたか、戦争中はどうしていたかなどはまったく知らないようだったのだ。

だがそれは逆にいえば、その元日本兵がきっとこの地で、それまでとはまったく違った新たな人生を送っていたということなのかもしれない。ぼくらはこの人物を元日本兵としてばかり見てしまうけれど、彼には、夫として、父として、祖父として、そして村の一人の男としての、長い人生がその後にあったのだ。そんな当たり前のことに改めて気づかされた。

その後さらに南に下ってメーソットに行くと、別の二人の元日本兵に会うことができた。二人ともすでに八十代半ばで、ともにとても穏やかな表情が印象に残った。そのうちの一人、中野弥一郎さんは、こう言った。

「十五年前に、戦友の説得で一度だけ日本に帰ったことがあるんです。五十年ぶりの故郷新潟は、道路もライトもすべて変わっていて昔の面影はありませんでした。五人いた兄弟もすでに姉と弟と自分の三人だけになっていましてね。墓参りなどをして回って、二十日間だけでタイに戻ってきたんです。日本へ帰って暮らしていればよかったという気持ちもありましたよ。でも、いまはもう考えません。自分で決めて残ったのだから、最後まで残ります」

出征前に母親からもらったお守りを、彼はまだ大切に持っていた。それが唯一、自分の身体とともに戦場から生き延びてきたものだという。半世紀分の色が染み込んだその小さな紙片には、中野さんの日本への思いのすべてが詰め込まれているような気がした。

そしてさらにメーソットでは、ビルマの内戦からタイに逃れてきた難民の若者たちとも多くの時間を一緒に過ごすことができた。先の見えないなか必死に勉強し、自らの道を切り開こうとする彼らの姿に、自分ももっとがんばらないと、と思わされた。

国境という境界線が人為的なものだからこそ、その周りにはさまざまなひずみが凝縮される。そのひずみの中に、中国も、日本も、姿を現した。国境の面白さはまさにそのひずみの強さにあるのだろうとぼくは感じた。

毎日を夢中で過ごし、気がつくとこの国境付近で一カ月ほどがたっていた。

*

国境地帯から久々にチェンマイに戻ると、少しのんびりしながら原稿を書くという時間を過ごした。このときは主に、メーソットで取材したビルマの難民の話を書いていた。

原稿書きはいつも、ネットカフェに通って資料を調べながら進めていく。このころになると、ネットを使って国連機関やNGOの資料、新聞記事を読むことにもだいぶ慣れてきた。英語は、話せることはもちろん重要だが、それと同じくらい、大量の資料をちゃんと読めるかどうかが重要であることも実感するようになっていた。ネット上において出所がはっきりしていて信頼しうる資料が、英語だと、日本語に比べて比較にならないほどたくさん見つけられるからだ。それを読もうという気力を持てるかどうか、そして実際に読めるかどうかが、記事を書けるかどうかの分かれ道にもなった。

一方、原稿の作成は、編集者とのやり取りがメールだけで行われるため、どうしてもスムーズに行かず時間がかかってしまう。このときは、締め切りが近かったこともあり、ある原稿が完全に仕上がるまでチェンマイを動くことができなかった。小さな町に移動してしまってから、「やばい、ネットができない！」という展開になるとまずいからだ。

取材し、原稿を書くという経験が増えるにしたがって、だんだんとモトコが重要な役割を果たすようになっていった。

ぼくが取材したいと思うことには彼女も大抵興味を持ち、多くの場合、取材に一緒について来てくれた。話を聞くときにメモを取ってくれたり、またぼくとは違ったモトコならではの質問をしてくれたりもした。また、女性に話を聞くときなどはよく、モトコと一緒でよかったなと思った。一人だったらおそらく「なによこのヒゲのデカイ男は？」と警戒されていただろう場面も、女性のモトコがいることですんなりと進むからだ。

原稿を書いたときにも、いつも最初にモトコに読んでもらった。もっとも彼女以外に書いたものを見てくれる人はいなかったのだけれど、彼女は率直に意見を言ってくれるので、自分にとっては貴重な編集者的存在でもあった。

「全然面白くないで。ちょっと書き直した方がええんちゃう?」

などと彼女は平気で言ってくるのだ。まずはモトコに面白いと言ってもらえることが原稿を書く上での最初のハードルだった。

とはいえモトコは、ぼくが取材を終えて、どこかの街でひたすら原稿に取り組む日々になると、いつも不満そうではあった。旅自体の行き先については、どちらかといえば彼女の方が積極的に調べ考えていたので、行きたいところが複数あっても、ぼくの原稿完成を待たないといけなかったからだ。

「早く仕上げやー。明後日には出られる? そしたらこの村に行こうさ」

モトコは都会でダラダラというのは決してそんなに好きではないのだった。

しかしこのときのチェンマイでは、モトコは新たな楽しみを見つけていた。ちょっと裏道に入った、涼しく閑静な通りに、カフェを兼ねた小さなアートスクールを発見し、そこにあった短期滞在者向けの数日間の写真のコースに通うことにしたのだ。

ぼくもモトコも写真を撮るのは好きで、できれば本格的に習ってみたいとも思っていたので、彼女にとってチェンマイでそういう機会があるのは思いがけずうれしいことだった。

ゆっくりと時間が流れるチェンマイの町をモトコは写真に収め、それを自分で現像、プリントした。その間ぼくはスクールの下のカフェで原稿を書いたり、近くのネット屋に原稿を送信しに行ったりした。そうして、チェンマイでの穏やかな毎日は過ぎていった。

そんなある日のことだった。驚愕《きょうがく》のニュースをネットで知った。一人の日本人旅行者がイラクで人質になった、というのだった。

それを知ってすぐに、NHKが見られる食堂に行ってテレビのニュースを確認すると、香田《こうだ》証生《しょうせい》さんという若者が黒い服を着たイスラム過激派の男たちに囲まれて座っている映像が映し出された。自分たちと同じ年くらいで、同じような旅をしていそうな彼が、カメラに向かって恐怖を押し殺すような様子でこう言った。

「すみませんでした。また日本に戻りたいです」

いままさに彼が、テレビに映し出されているこの状況にいると思うと、言葉を失った。どんな気持ちでカメラの前に座っているのか。想像を絶する彼の窮地に、ただただぼくは呆然《ぼうぜん》とした。

それから毎日、朝はネット屋で仕事を進めながら事件の展開を追った。昼にはNHKを見るためにいつも同じ食堂に通った。ちょうど新潟県中越地震の被災者の救出作業が進んでいたときで、それとともに香田さんのことが連日報道されていた。

しかしテレビでもネットでも、どうも日本社会は香田さんにひどく冷淡に見えた。「まったくバカで迷惑な若者だ」という声ばかりが目についたのだ。救出をリードすべき町村外相（当時）が、「危険なことが十二分にわかっていながら、なぜ旅行したのか、誠に理解に苦しむ」と真っ先に批判を公言したというのも、あまりにも冷たく響き、憤《いきどお》りすら感じた。

ニュースを知ってから三日後には遺体発見かと報じられた。その後、違ったことがわかりほっとしたが、その翌日には、今度は本当に香田さんの死が確認されたことを知った。最悪の形で事件は終結することになってしまった。

その結末が現実になったとき、それが自分にとって思っていた以上に衝撃的な出来事であったことをぼくは実感した。香田さんが哀れでならなかった。何を思い、最後の数日を過ごしていたのか。どんな思いで最期を迎えたのか……。長期で旅をしてきた自分たちにとって決して他人事《ひとごと》ではなかったのだ。

確かに当時、旅行者としてイラクに行くことは無謀だと言われても仕方ないとは思ったが、その一方で、彼の気持ちは、自分も含め多くの個人旅行者たちにとってまったく理解できないものではないようにも思えた。

一般に、危険だ危険だといわれているところも、実際にはもちろん普通に人が日々の営みを持っている。危険だらけの場所なんてないんだという印象は、実際に旅をしてみると感じることが多々あった。たとえば、東ティモールがそうだった。オーストラリアのダーウィンで、旅行代理店の人などに「何しに行くんだ?」と何度も言われ続け、国連軍が去ったあとには何かが起こるかもしれないという予想や噂をネットで何度も目にしたのに、実際に着いてみると、少なくとも、自分たちが見た限りにおいては平和そのものだったのだ。

ニュースは基本的に平和な様子は伝えない。どんなひどい戦いがあった、どれだけの人が死んだ、そういうことばかりがニュースになる。しかし実際には、どんな大きな問題で苦しんでいる国にも町にも、やはり生きている人がいて、なんの変哲もない普通の生活がある。決して、ひっきりなしに戦いが続いていたりするわけではないのだ。

香田さんは、イラクの前にイスラエルにいたということだったが、イスラエルで彼もそんなことを感じていたのかもしれない。オーストラリアのバンバリーでイスラエル人の旅行者に会ったとき、その旅行者がこう言っていたのを思い出す。

「イスラエルはテロのことばかりがニュースになっていて、どこに行っても爆発ばかり起きているように思っているかもしれないけど、そんなことはない。危ないといわれている特定の場所に行かなければ普段はまったく平和なところなんだ」

もしかしたら香田さんもイスラエルで実際にそう感じて、「イラクがいくら危ないっていっても、実際はそれほどではないんじゃないか」と思ったのではないだろうか（当時のイラクの場合、外国人であることで人質の標的になりうるため、単純に現地が平穏かどうかの問題だけではなかったが）。

そしてまた、危険を回避しようとしすぎると、旅の醍醐味は損なわれていく。人に対して警戒しすぎると、貴重な出会いを失ってしまう。

危険かどうかの境界は極めてあいまいだ。また運にも左右される。旅を続ければ続けるほど、その境界がなんとなく感覚として見えてくるようになる。理屈ではなく、なんとなくこれ以上行ってしまってはまずいかもしれない、という一線の存在が感じられるようになる。そうして自然と危険の回避方法が身についていく。

ただし同時に、危険への感度が鈍くなってもいくものだ。一般に危険といわれている場所でも、実際にはほとんどの場合は大丈夫だということを体験として知るようになるからだ。だが、何か起きるときには、やはり起きてしまうのだ。

自分にもこのころそんな感覚が芽生え出していたため、ぼくは香田さんの決断が、まったく信じられないというふうには正直思えなかった。

遺体が香田さんのものだとわかったあと、ネットで見た報道によれば、香田さんの両親は、次のようなメッセージを発表したという。

「支えていただいた多くの方々に、大変なご心労をおかけしましたことを心からおわび申し上げますとともに、お礼と感謝の気持ちでいっぱいです。このようにはなりましたが、イラクの人たちに一日も早く平和が訪れますようお祈りいたしております」

ぼくにはこれがどうしても、異国で息子を殺された親の言葉としては読めなかった。いや確かに香田さんの両親は、そう発表したのだろう。しかし、本当に言いたいことは他にあったように思えてならない。

この年の四月に三人の日本人がイラクで人質になったとき、ぼくらはちょうどバンによるオーストラリア大陸縦断の旅が終わろうとしていたときで、最終目的地、ダーウィンのそばにいた。同時期にバンでの北上を続けていたオランダ人のレミーとクリステルにその話をして、日本では人質に対してバッシングが起こっているらしいということを話すと、ジャーナリストであるレミーは心底、驚き、怒っていた。ぼくが、日本では戦場に行くのは大抵がフリーのジャーナリストで、大手メディアは社員を危険な場所には派遣しないのが普通なんだよと一般的な状況を伝えると、彼はこう言った。

「危険な戦場こそ、十分な訓練を受けた専門のジャーナリストがメディアの強力なバックアップのもとで、高い報酬をもらって派遣されるべきじゃないか。フリーの人たちが自らのリスクで戦場に行って、何かあったら大手メディアは一切責任を取らないなんてまったく考えられない。テレビで戦場の様子が見られるのは、そこに誰かが命を懸けて行っているからなんだ。その人がちゃんと守られてなくていったいどうやって報道が成立するんだよ」

まったくその通りだと思った。一時期メディアに氾濫《はんらん》した「自己責任」という言葉は、無責任な日本社会を象徴する言葉のようにぼくには聞こえた。海外にも同じように響いていたのだろうと思う。

旅行者としてイラクに行った香田さんの場合は、確かにジャーナリストなどの場合とは状況が違うが、それでも両親が、まず「おわび」や「感謝」を表明しなければならなかったのは、四月に人質となった先の三人が受けたバッシングと決して無関係ではなかったはずだ。

もちろん、自分の選択でイラクへ入り人質となってしまったことは、誰のせいにすることもできない。おそらく香田さん自身もそれはわかっていただろうと思う。彼が「すみません」と謝りはしたものの、「助けて」とは言わなかったのには、そんな気持ちが見え隠れする。

彼は確かに判断を誤った。そして彼自身もおそらくそれを自覚していた。

しかしそれでも、絶体絶命の状態に陥ってしまった若い同胞に対して、日本人はもっと同情してもいいのではないかと思った。間違いを犯してしまった若者にどうしてもっと寛容になれないのかと思った。

まず助けるための声を上げ、叱るなら帰ってきてから叱ればいいのではないか。「税金を使って助けるなんて」という声を聞くたびに、あまりの狭量《きょうりょう》さに信じられない思いがした。誰でも生きていれば誤りを犯すし、みな人に迷惑をかけながら生きているのだから……。

事件はぼくの胸の中にどっしりと沈み込んだ。いつまでも消えることのなさそうなドロリとしたその感触は、いまも、チェンマイのネットカフェでニュースを追っていたときの気持ちを鮮明に思い出させる。

4 人生最大のコンプレックス、吃音

香田《こうだ》さんの死を知ってから八日後に、ぼくらはやっとチェンマイを出発した。

結果的に今回のチェンマイ滞在は、原稿書きのために毎日ネット屋とカフェと宿を行ったり来たりするだけだったものの二週間半にもおよんでしまった。

チェンマイにいる間に十一月になり、年の瀬が近づいていることを感じ始めた。オーストラリアから徐々に北上を続けてきてすでに八カ月。中国は、随分と近づいていた。

陸続きで移動し続けると、人の姿かたちが徐々に変わっていくのがわかる。肌の色が濃くて彫りも深かった東ティモールやインドネシアに比べると、タイ北部で会う人はかなり日本人や中国人に近いのっぺりした顔つきに見える。グラデーションをなすように人の姿が変わっていく。バスなどを使って移動してきた道のりを思い出すと、これだけの変化を感じるためにどれだけの距離を、どれだけの時間をかけて、どれだけ汗をかいて移動してきたかを実感できる。それが陸路での移動の醍醐味のように思えた。

年末までには中国に着きたい。中国に着いたらひとまずこの北上の旅も終わりとなる。そして中国での定住生活を始める前に年末年始に一度日本に帰って、年越しは家族と過ごそうと思っていた。

旅がまた次の節目を迎えようとしている。オーストラリア・バンバリーでのボランティア生活が第一ステージであるなら、この八カ月の北上の日々は、第二ステージ。それも間もなく終わろうとしているのだ。

チェンマイを出発する前日、微熱があり体調が悪かったが、朝起きたらよくなっていた。

朝、ネット屋に行って校正用の原稿（ゲラ）を受信してから、荷物をまとめて出発した。午後一時のバスで、再びビルマとの国境の町メーサイに向かった。

二度目となるこのルートを通りながら、ぼくは、時間の経過の速さに焦っていた。まだ旅は始まったばかりだと思っていたのに、いつの間にか二〇〇四年も終わりが見えてきてしまった。日本を出てから一年半となり、もはや旅は始まったばかりといえる段階ではなくなっていた。

その間に、ライターとして自立するという旅の目的はどれだけ達成されていたのか。実績が限りなくゼロに近かった日本出発時に比べれば少しは進展があったのは間違いない。しかし、書いたものが掲載されるということを何度か続けるうちに、今度はいまのままではとても食っていけないという現実が見えるようになってくる。

バスの窓から遠くに見える緑の山々を眺めながら、今年の自分の収入を計算してみる。連載の一回分が一万円で、あの二つのルポが四万円と五万円。日本を出る前に書いたルポが今年になって掲載されたのが一〇万円、そしてもう一つのあの原稿が……と数えていった。若干の「粉飾決算《ふんしょくけっさん》」をしても年収は五〇万円にも満たないじゃないか……。何度数え直しても、結果は変わらない。オレ、大丈夫なんだろうか……。

中国に着く。年末年始を日本で過ごす。するともう二〇〇五年だ。そのことを考えるたびに、ぼくは焦ったり、気持ちが沈んだりした。

そして、だからこのころ、自分にとっての一番の悩みであり、コンプレックスであったことが表面化しやすくなっていた。それは冒頭にも少し書いた吃音《きつおん》、すなわちどもりである。

ぼくは高校時代からずっと吃音に悩まされてきていた。

吃音にも種類があり、ぼくの場合、難発性《なんぱっせい》といって、状況によって言葉がまったく発せられなくなるというものだった。自分の名前など決まった言葉や、言わなければならないと思った言葉を言おうとすると喉のあたりが硬直する感覚に襲われ、そのまま何も言えなくなってしまうのだ。

高校時代にその問題に自覚的になり、それ以降ずっと吃音が自分にとって一番大きな悩みであり続けた。しかしそれでも、ぼくは基本的にはよくしゃべる方だった。なんとか吃音を人に気づかれないように隠す方法があり、うまくごまかせば、周囲にはほとんど気づかれることなく、一見よどみなく話しているように見せかけることができたのだ。実際、「よく話す陽気なヤツ」と思われていたという意識もあっただけに、そのイメージを守りたくて、あえてよく話すように見せかけていた面もあった。

そんな自分にとって、吃音はどうしても人に知られたくない最大のコンプレックスだった。吃音を隠すために、いつでもすごい神経を使っていた。

この言葉は言えなそうだ、と思ったら、別の言葉で言い換えることでなんとか切り抜けることができた。しかし言い換えのきかない言葉を発しなければならないとき、一番困った。それはたとえば、名前だ。

名前は？　と聞かれたら、「近藤」としか言いようがない。そのことが極度に緊張を強いるせいか、言えなかった。だから、自己紹介をしなければならない場面は特にいやだったし、初対面の人と会うのも気が重かった。名前が言えないので電話もできない。いつしか電話の音を聞くだけで怖くなるという電話恐怖症のようなことにもなってしまった。

また、たとえばマクドナルドで「てりやきマックバーガー」を買おうと決めると、「てりやき」の「て」がどうしても言えなくなる。自分の順番になると、とっさに「えーと、あのー」と悩んでるふりをした挙句《あげく》、思わず「あ、チーズバーガーください」と、ぱっと言えそうになった言葉を言ってしまったりするのだ。そのたびに、「おれは何をしてんだ……」と落ち込んだものだった。

高校二年になってバスケ部で主将を務めていたときも、最大の悩みは、円陣を組んだときに掛け声をかけられるかどうかだった。主将としてのプレッシャーなどもあってこのころ吃音はもっともひどい時期を迎えていたが、円陣を組んだときの「イチ、ニ、サン！」「オー！」という掛け声の、主将担当部分の「イチ、ニ、サン！」を言えるかどうか練習中ずっとどきどきしていた。

円陣を組んですぐに自分が掛け声をかけなければ、「おい、何してんだコンドー、早くしろよ」とみな思うだろう。そんな想像をすることで、ますます円陣を組むのが怖くなる。だからぼくは、副主将の柳町にだけは自分の吃音のことを伝えていた。

「もしおれが円陣でどもりそうだったら、代わりに掛け声かけてくれないか？　足を叩いて知らせるから隣にいてほしい」

もしものときは柳町に言ってもらえると思うと、気が楽になった。だから、彼が隣にいてくれれば、ほとんどのとき無事に掛け声をかけることができた。それでもどうしても言えないこともあり、ときどき、柳町の掛け声で練習が始まると、みなが不思議そうな顔をする。そのたびにぼくは、苦笑いをしながらさらに激しく落ち込んだものだった。

吃音が人にばれないように先手を打たなければならない場面は周囲に満ちていた。そのために全エネルギーの半分ぐらいを使っていたかもしれず、いつも疲労困憊《こんぱい》していたのだ。

大学時代、一人で旅をしようと思ったもともとのきっかけも、吃音を克服するためだった。一人で旅をすれば、タフになって吃音なんて吹っ飛んでしまうだろう。そんなことを思い、ぼくは大学二年になる直前の春、オーストラリアに行ったのだ。そこでモトコに出会うことになるのだが、吃音はまったく改善されなかった。

その後も、吃音を治すため、というのは自分にとってあらゆる行動の源となっていたが、何をしても吃音がなくなることはなかった。ぼくは吃音が自分の人生を大きく左右し出していることをだんだんと実感するようになっていく。

就職したとしてもこんな状態じゃ仕事に集中できるはずがない。電話ができないんです、なんてことを理解してもらえるはずがない。だから、なんとか組織に所属することなく、自分が持っているスキルでできることを探さないといけない。もはや治すことより、受け入れてなんとか生きていく方法を見出すしかない。そう考えるようになっていった。

そしてそんなことを思っていたころに、インドに行って旅の魅力を知り、また、沢木耕太郎さんの文章に触れることなどによって、旅をしながらフリーでライターをやっていくという生き方を考えるようになったのだ。

もちろん、ライターをやっていくには電話が商売道具になるだろうことは容易に想像がつく。そう考えると気が重くなったけれど、それでも、組織に所属して周囲に吃音を隠しながら仕事をしていくよりははるかに気楽に思えた。その方がきっと自分には生きやすいと思った。

ぼくは日本社会から逃げているという自覚があった。でも、稼いで食っていくことはしなくてはならないし、逃げるならちゃんと自分で稼ぐ方法は見つけて逃げなければいけないとは思っていた。

逃げるなら本気で、真剣に逃げよう、と。

そうして、大学院を修了してほとんど経験のないまま、自称ライターとしての日々が始まると、とにかく早いうちに何か一つでも自分でテーマを決めてルポルタージュを書き上げないといけないと思った。とはいえ、何の経験もない自分に何が書けるのだろうか。そう途方に暮れかけたとき、最初に思い浮かんだテーマは、やはり吃音だった。

吃音で悩む人はどの集団にも平均して一パーセントの割合でいるという。つまり一〇〇人に一人だ。有名人にも多く、調べていくと、マリリン・モンローやブルース・ウィリスなど、とても意外な人物の名前まで出てくることに驚かされた。

また一方で、当時、「どもり・赤面、治します」のようなコピーで吃音者たちをターゲットにする吃音矯正所というものもよく見かけた。しかし自分が知る限り、こうすれば吃音が治るという方法はないはずだった。だからぼくは、矯正所という存在に少なからぬ胡《う》散臭《さんくさ》さを感じていた。吃音矯正所がもし、藁《わら》をもすがる思いの吃音者たちの弱みにつけこむビジネスだとしたら——、そう考えると、自分の問題としても怒りがこみ上げてくる。

だが吃音のことが一般のメディアで話題になることはほとんどない。少なくともぼくはほとんど聞いたことがなかった。だからきっとこの問題なら、自分独自のものが書けるような気がしたのだ。

そうして、しどろもどろになりながら電話をかけ、ネットを使い、多数の吃音者に会っていった。吃音矯正所にも連絡を取って話を聞きに行った。

吃音者に会ってみると、症状の重い人の中には、社会生活が成り立ちがたいような人もいた。ある一人は「自分は障害者として認定してもらいたい。そして支援を受けたい」とも言った。

一方、いくつか異なる矯正所を取材していくうちに、矯正所というのは、自ら吃音を克服したという人が独自の理論や矯正方法を掲げている場合が多いことがわかってくる。だから、それぞれに矯正方法は異なるし、どれも、科学的根拠はないと確信できるようなものばかりだった。それでもそこにわずかな可能性を見出した吃音者が通い、その結果「やはりこの方法もだめだった」と落胆し、金だけを失うということが繰り返されているのだった。

ところが、吃音矯正所と吃音者という、結果として「騙《だま》す側」と「騙される側」とも見える両者の関係は、必ずしもそのように単純ではないようだった。そのことにぼくは、ある吃音者からの連絡によって気づかされた。

――私にとってクリニック（＝矯正所）は神様みたいな存在だったんです。

——自分で選んで受けていまも続けようとしてるわけです。そのやる気を失わせる気持ちにさせるものならば正直見たくも聞きたくもありません。

それは、東京にあるとりわけ悪名高くきな臭い矯正所に通っていた関西の女性からのメールに書かれていた言葉だ。ぼくがネット上で、この矯正所に対しての意見を求めていたときの返信として届いたものだった。彼女は半年間、関西から東京までこの矯正所を信じて通い続けていた。

問題は事実なんかじゃない。信じたいという気持ちを壊すようなことはやめてくれませんか——。メールの文面にはそんな思いが滲《にじ》み出ていた。

その後、電話で話したとき、彼女はぼくにこう言った。

「(その矯正所には)いろいろと問題があるのかもしれません。実際、吃音がよくなった気がしているわけでもありません。でも……、知らない人と電話で話すなんていうことは……これまで考えられなかった自分が、……いまこうしてお話しできているということ自体が大きな進歩なんです……」

彼女にとって、矯正方法の良し悪しや事実関係は、もはや問題ではないのかもしれなかった。ただ、どもりは治るんだと信じさせてほしい、そう信じて行動することで、何かが変わるはずなんだ——そう思う気持ちが伝わってきた。

取材を続けていくと、この女性の気持ちは、その悪名高い矯正所の代表者自身にも通じることなのではないかと思えてきた。代表の男性は幼いころから重度の吃音に苦しめられ、その末に克服し、矯正所を開いたというが、彼自身もまだ吃音から逃れることはできていないのではないか、そして、自らの吃音が治るんだということを信じたくて、吃音は治ると言い続け、その理論を作り上げたのではないか、そんな推測が立ってきたのだ。

吃音という問題でいかに多くの人が悩んでいるか、その悩みがどれだけ多様かを、ぼくは取材をしながら感じることができた。ここには、吃音ということを超えて、何か問題を抱えながら生きるすべての人に通じるテーマが横たわっているような気がした。

吃音者を通じて、そんな思いをぼくは描きたいと思い、原稿を書いていった。

取材を進めるうちに、ぼく自身もまた、同じことを考えていることに気づいていった。旅をすることも、このルポを書くことも、それをきっかけに吃音から解放されるのではないか、という思いが常にどこかにあったからなのだ。このときも、取材をするほどに、吃音はやはり治らないとますます確信せざるをえなくなっていったが、いや、でも、これを書くことで、何かよい変化が起こるのではないか……、とかすかな期待を抱いていたことも確かだった。

知り合いのジャーナリストの方に見てもらったりしながら、なんとか原稿用紙五〇枚程度のルポルタージュらしきものを書き上げることができたのは取材を始めてから半年以上がたってからのことだった。

そしてある雑誌のルポルタージュの賞に応募した。少しだけ期待しながら発表を待ったが、結果は落選だった。ぼくは大きく落胆した。このときすでに旅に出るのが三カ月後に迫っていて、旅立つ前の最後のチャンスと思っていたからだ。しかし救いは、講評の中で編集長がぼくのルポについて励みとなるコメントを寄せてくれていたことだった。

もう一押ししてみよう。そう思い、思い切ってその雑誌の編集者に連絡をとった。すると、社内での評判も悪くなかったことを教えてくれ、結局長さを半分ほどに縮め、少し追加で取材をすることでなんとか掲載してもらえることが決まったのだ。

ゲラの修正までを終えた状態で日本を発《た》つことができ、出発してから一カ月後に掲載となった。オーストラリアで生活を始めたとき、それだけが唯一、自分をライターだと名乗れる拠《よ》り所《どころ》だった。一方で、これを書くことで吃音を克服できるのではないかという淡い期待は、あっさりと裏切られた。

旅立ってからも、吃音は自分の心の中でいつも大きな比重を占めていた。英語で話すときはどもりがさらに障害となった。というのも日本語なら言葉の言い換えで済むはずのところも、英語では自在に言い回しを変えることができなかったため、どもりそうになるとそのまま話すのをやめるしかなかったからだ。その一方、英語なら、口ごもっていても「英語の単語が出てこないだけなんだろうな」と思ってもらえる気がしたため、かえって気が楽で話しやすいというときもあった。

しかし、もっともつらかったのは、結局のところいくら英語を勉強しても吃音がなくならない限り流暢《りゅうちょう》に話せることはないんだろうな、と感じてしまうことだった。英語は比較的よく勉強していただけに、それを考えると悔しくてならなかった。

取材の電話をかけなければならないときなどは、前日から憂鬱《ゆううつ》になった。実際に電話をかけるときは、とにかく気持ちをハイに持っていかなければならず、そのため、よく隣でモトコに歌を歌ってもらったりした。

受話器を耳に当て、呼び鈴を聞きながら、なぜかいつも頭の中で、サッカー日本代表が登場するキリンのCMソングとして知られる〝PASSION〟を響かせたりしていた。とにかく「うおー、電話かけるぜ!」といった最大限に盛り上がった気持ちで、相手が受話器を取る瞬間を迎えなければならないという涙ぐましい状況だったのだ。が、電話一本かけることがそこまで一大事になりつつも、実際に相手が電話に出ると毎回ほとんど何も問題なく会話することができるということも経験上わかっているのだった。

調子がいいときには何日かすっかり影を潜《ひそ》めることもあり、そのときにはとてもうれしくなった。でも油断していると、何かをきっかけにまたひどくなる。旅をしながらもその繰り返しだった。すなわち、どもり具合は、ぼくにとってそのときの自分の精神状態を知る上でのバロメーターのようなものでもあったのだ。

その吃音が、東南アジアも終わりに近づいてきたこのころ、再びとても気になるようになってきていた。カフェでトイレの場所を聞こうと思って店員に話しかけたものの、その先が言えなくなってしまい、「いや、あの、なんでもありません」などということがあると一気に落ち込み、さらに吃音がひどくなった。

それは明らかに、東南アジア北上という第二ステージが終わり、旅が次の段階に進んでしまうことへの焦りであり、一時帰国するということで日本が見えてきたからであった。ぼくにはいつも、旅が終わりに近づいていくことへの少なからぬ不安があった。そしてその不安は、言葉が話せないふりができない日本に帰ったらさらにどもるんじゃないかという心配ともつながっていたのだ。

5 中国国境の町へ

バスの中でいろいろと考えているうちに、吃音《きつおん》が意識の中で存在感を増してきてしまった。まったくこういうことばかりなのだ。考えれば考えるほど負のスパイラルに陥ってますます解決は遠のいていく。モトコに話して、

「まあ、気にしんときやー」

と涼しい顔で言ってもらって、そうだよな、と無理やり自分に言い聞かせるしかない。そんなときに場所が移動するというのはいい気分転換になる。ぼくらは再び、タイの最北部のメーサイに着こうとしていた。

バスがメーサイの町から少し離れたバスステーションに着く。降りると目の前には複数

のソンテウ（乗り合いタクシー）が客に声をかけながら待っている。その中で、間もなく出発しそうな、人がギュウギュウに乗ったものに、「すみません！　乗せてください」と乗り込んで、町の中心部である国境付近までまた戻った。そして前に泊まったのと同じ「バンブー・ゲストハウス」にチェックインした。

そうしてとにかく旅は進み、再びビルマとの国境まで来た。ぼくらはこれからビルマに入国する。しかも今度はビザ更新のためではなく、本格的にビルマに入るのだ。

当初ぼくらはビルマを北上して、ビルマから中国雲南省へと国境を越えようと思っていた。だが、このときはすでにその計画はあきらめていた。

というのも、ちょうどこの三週間ほど前から、不穏なニュースが入ってきだしたからだ。ビルマの軍事政権内で民主化に積極的なキンニュン首相が拘束・更迭され、首相に近い複数の幹部が逮捕されたらしいというのだ。首相逮捕か、クーデターか、など、情報が錯綜《さくそう》していたが、いずれにしても、民主化を望まない強硬派による政変が起きたようだった。

しかも気になったのは、この政変らしき動きのニュースの中に、ぼくらが中国へ抜けようとしていた国境の町ムセの名前が出てくることだった。今回の出来事に関連して、ムセで銃撃戦があったとか、そんな情報も目にした。これはまずいな、と思ったのだ。

もともと、その国境から中国へ陸路で抜けたという話は聞いたことがなく（逆に中国からビルマへ抜けた人はいたようだった）、ネットで調べても、そこは通過できないらしいという声ばかりだった。だが、バンコクでビザを取得するときビルマ大使館で聞いてみると、

「行ってみないとわからないけれど、ビザがあれば越えられるんじゃないか」

と、まるで他国のことのような心もとない返事ながらも、越えられそうなことをにおわされたので、じゃあ、とりあえず行ってみようかと考えていた。

しかし、その町で政変に関連した出来事があったとすれば、しばらく国境が閉鎖される可能性は十分に考えられる。もちろん、それでもかまわず行ってみることもできたのだが、ビルマ国内では外国人には自由な移動が許可されておらず、移動がかなりやっかいなのだ。途中で一部、空路も使わなければならない行程を考えると、メーサイのタイ・ビルマ国境から、ムセの中国・ビルマ国境までは行くのがかなり大変そうで、国境まで行った挙句《あげく》中国へ抜けられず引き返すことになったら相当面倒な移動になることが予想された。その可能性を考えたとき、無理してその国境を通過しなければならない理由はなかったので、やめることにしたのだ。

それでも、ビルマへは予定通りに入国した。

国境となるのは茶色く濁った幅数十メートルほどの小さな川で、その両岸には河にはみ出そうなほどギリギリまで、白壁の家や木々が並ぶ。その上に架かる橋を渡り、"UNION OF MYANMAR"と書かれた青いゲートをくぐって、タイのメーサイからビルマのタチレクへ。そこから陸路のみで行ける範囲は限られているが、とりあえず北へ、ビルマ内部へと入っていこうと思っていた。

イミグレーションオフィス（入国管理局）で、どこまで行く予定なのかを聞かれたので、「チャイントンまで行きたい」と、ここからさらに北に行った町の名を告げると、すぐに政府の旅行会社 Myanmar Travels & Tours（MTT）に連れて行かれた。

中に入ってみると、ビルマの観光ポスターらしきものがわずかに貼ってある以外、派出所のように殺風景な場所だったが、そこには職員の他に一人の同年代の西洋人の男がいた。

「ヘーイ！　おれはTJ（そのままティー・ジェー）っていうんだ。アメリカ人だよ。おれらビルマにいるんだぜ、すげえな！　おれの旅はっていうとさ……」

赤の柄入りバンダナに細ぶちのメガネをかけ、うっすらとヒゲを生やした陽気で感じのよい男だった。しかし若干オレオレなキャラがいかにもアメリカ人らしい。また見ていると、どことなく加藤茶に似ている。カッコよく振る舞おうとするが、何かが足りずいまいち雰囲気が出ない、そんな男だ。

彼もチャイントンへ行くというので（といっても、それ以外の選択肢はほとんどない）、一緒に行くことになった。

「チャイントンまでか。一人四〇〇バーツ（一〇〇〇円強）でいいぞ」

ＭＴＴで値段を聞くと、肌の浅黒い細身の職員にそう言われた（ここではまだタイバーツが使える）。政府の旅行会社ということでこのＭＴＴ自体に怪しげなにおいを感じていたので、「高いな、他もちょっと当たってみるよ」と、揺さぶりをかけつつ、本当に外に出て車かバスかを探して回る。でもどうもそれ以上に安いのは見つからない。そうして、まあ、そんなもんなのかもしれないな、と納得し、ＭＴＴのセダンの車に乗っていくことになった。

四時間ほど北に走って、チャイントンへ。ビルマに入ったとはいえ、道中の雰囲気はタイの田舎とそれほど変わらない。大きな違いは、右側通行、右ハンドルという奇妙な車事情だけだったかもしれない。すなわちドライバーがみな、道の端に近い側に座って運転するという妙なことになっているのだ。そのときはどうしてそんなことになっているのかはわからなかったけれど、その後聞いたところによれば、ビルマも以前は、宗主国のイギリスと同じく車両は左側通行だったものの、ときの独裁者ネウィンが、ひいきにしている占い師の言葉に従って突然右側通行に変えたのだという。だから、左側通行用の右ハンドル車が多いまま、右側通行の国となったようなのだ。

ちなみに、右ハンドルのため日本の中古車も多く使われているのだろう、あるバスを見ると、それは日本の幼稚園の送迎バスそのままだった。クリーム色の車体の側面にはリスやウサギやチューリップのほんわかしたイラストが描かれ、正面には「久喜幼稚園」という文字が大きく書かれていた。そういえば東ティモールにもヤマト宅急便のトラックが走っていたのを思い出した。

このあたりは、ビルマの中でも東の僻地《へきち》として国の中心部分から隔絶されてきた地域だ。北は中国、東はラオス、南はタイに囲まれて、西側に広がるビルマの中央部からも距離がある。アヘンの取引も盛んで、政府としても手に負えない勢力が跋扈《ばっこ》してきた土地だった。

タイからの道が整備されたことによって人の出入りが多くなり開けていったものの、なお袋小路的な場所であることは変わりなかった。外国人は、ここからビルマの中央部へ陸路で抜けることは許されていないし、このちょっと北にある中国国境も越えることはできないとのことだった（これはもともと越えようと思っていた国境とは別）。

そんな場所なのに、チャイントンで泊まることになった安宿は、予想外にきれいで驚かされた。まだ新しいタイルが敷き詰められた室内は輝いていて、掃除も行き届いているではないか！　シーツもきれいでパリッとしていることに逆にびっくりしてしまった。値段は米ドルで一人五ドルだった（通貨が不安定で、米ドルが幅を利かせている）。

屋上に上がると街一帯が見渡せた。ヤシの木が視界の果てまで緑色に染め、その隙間を埋めるように、白い壁の家が点在していた。

道路には砂煙が昇り、多くのバイクがぶるぶるぶると音を立てて走り抜ける。通りかかったトラックの荷台には赤いローブを着た少年の坊さんたちが大勢立ったまま乗っている。仏教国らしい風景だった。

しかし同じ仏教国とはいえ、タイと僧侶の雰囲気が異なるのが印象的だった。タイでは少年たちでも僧侶はストイックな感じだったのに、ビルマの小さな僧たちはかわいらしいガキンチョたちが、ただローブをまとっているだけといった様子だった。彼らは陽気に遊び、笑顔を見せ、ときにぼくらに「金をくれ」とせがんできた。

チャイントンに着いた翌日は、自転車を借りて屋外の大きなマーケットまで走った。ブタが、頭、足、内臓、血液、といったように分解されて並べられているそばで、たまご豆腐と麺を和《あ》えた軽食を食べた（これがウマイ）。また、黒いご飯や高菜の漬物のようなものがたびたび目についた。アジアのマーケットはどこも一見同じように見えるものの、やはり少しずつ違いがあり、その違いが面白いんだよなとぼくは思った。

さてその日、昼飯を外で食べていると、二人の西洋人に出会った。旅行者はとても少なかったため、それふうな人と出会うと、思わず目が合い挨拶《あいさつ》を交わし、話し出すようになる。

「おお、あんたらは旅行者かい？　まあ、座りなよ」

大きなヒゲと、村山元首相のような確固たる眉毛を蓄えたマッドサイエンティスト風なおじさんが、そう話しかけてくる。五十代とも六十代とも見える彼はイギリス人でトムといった。一緒にいるクールそうな女性は、イタリア人のエヴァ。彼女は三十歳ぐらいだろうか。

うながされて同席すると陽気なトムの軽快トークで話は一気に盛り上がっていく。そのうちに、彼ら二人がジャーナリストだということがわかった。そして彼らもぼくが旅をしながら文章を書いていることに興味を持ったようだった。

「何の雑誌に書いているんだ？　君らもビルマについて書いているのか？」

トムはブリティッシュイングリッシュで次々に聞いてくる。「シューカンなんとか」と日本の雑誌名を言っても「おお、知ってるよ！」となるわけがないので適当に流し、また、ビルマに書くために来ているというわけではない、とも言った。ついでに自分たちの旅の話を少しすると、彼も饒舌《じょうぜつ》に語り出す。

「おれは『エコノミスト（The Economist）』にも書いてるんだ。今回も、これから取材して記事を書くつもりなんだ」

と、若干鼻の穴を大きくした。『エコノミスト』といえば、イギリスを代表するニュース週刊誌ではないか。彼の適当そうな雰囲気とはどうも結びつかないが、年齢的にもそれなりのベテランなのかもしれない。一方エヴァは、多くは語らないものの、話してみるとわりと気さくで、インドネシア語も操るなかなかのやり手風だった。

「明日、モンラーまで行くんだけど、よかったら一緒にどうだ？」

トムが言った。モンラーとは、チャイントンのさらに北の、中国との国境をなす町だ。

「あのあたりはワという民族が自治権を持つ特別区だ。面白い話がたくさんあるはずだよ。そこに行って、おれは記事を書きたいんだ」

ワ族については、ぼくも本で少し読んでいた。ワイルドで屈強な民族で、好戦的で敵の首を狩る。そしてアヘンの栽培や密売にどっぷり関わっているらしい。すなわち、先に書いた、政府の手に負えない勢力の主要メンバーがこのワ族なのだ。実際彼らは、ビルマ政府との戦いの末に、ビルマ国内に、自治権を持つ地域を手に入れているのだ。

もちろん、一緒に行くことにした。宿に帰ってＴＪも誘うと、彼も当然のようにのってきた。

「お、すげえな、それは！　おれも一緒に行かせてくれよ！」

翌朝。八時半に宿を出る。しかしすぐには出発できない。チャイントンの外に行くためには、現地人のドライバーを雇い、そのドライバーとともに町のイミグレーションオフィスまで行って許可証をもらわないといけないのだ。自由に移動することは許されず、町ごとに許可証が必要なようだった。ＴＪは、ビザの関係だったか、アメリカ人だったかのため、国境にパスポートを預けていたので手続きが煩雑だったが、なんとかみな許可証が手に入り、すし詰め状態になった白いワゴン車でチャイントンを出発した。

車内は陽気に盛り上がる。トムがビルマに関するウンチクを調子よく披露し、そこにエヴァが冷静な注釈をつける。さらにＴＪが妙な独自見解を述べるも「何言ってんだ、お前は。わかってないな」とトムにすぐに却下される。トムはその合間をぬってくだらないジョークを飛ばし、それをぼくとモトコがさわやかさを装った笑顔で聞きつつ、ギャグのつまらなさに疲労感を蓄積させる。現地出身らしいドライバーはただひたすら運転する。そんな道中だった。

緩やかな山の間をすり抜けるように走る道路の両脇には、緑の木々や草が繁茂し、上には日本まで続くはずの青い空がどこまでも見えている。時折ウシや人間が姿を見せ、その横をぬって車は北上していった。

　ぼくは東ティモールを思い出していた。数少ない旅行者同士が親しくなり、短期間でも家族のような気分にすらなれる雰囲気のせいだろう。ディリの宿主のヘンリーはどうしてるかな、宿で働いていたティモール人のエモンはいまも働いているかな、スウェーデンにいるはずのヨハンは論文を書いているかな……、と急に彼らのことが懐かしく頭に浮かんだ。

　その東ティモールの日々から半年がたって、今日、間もなく中国の大地が見えるところに行くのである。ついにここまで来たんだ。気持ちが高ぶった。

　二時間ほど走るとワ族が支配する特別区に入る。地区の入り口には検問があり、荷物検査がある。そして越境料金を払わされる。料金は一人「三六元」だという。そう、ここはビルマ国内であるにもかかわらず通貨は中国の人民元なのだ（人民元はチャイントンで手に入れていた）。料金を払うと渡される領収書のような紙には、ビルマの文字とともに漢字表記があり、また、特別区に入ってすぐの小さな小屋には、漢字で「公厠」と書いてある。トイレだということがすぐわかる。

　ウシが道路を横切るのどかな風景は、特別区に入ってもまったく変わらない。見かける人の様子にも変わりはなく、ゴツい軍人に理不尽に囲まれたりすることもない。

ただ、漢字表記が目に入ると、急に意思の疎通ができそうな気がしてくる。そしてモンラーの町に着くと、完全に漢字中心の世界となった。まるで中国に着いたかのようだった。食堂に入って麻婆豆腐と青椒肉絲を食べたあと、国境へ。中国へとまっすぐに延びる道路には大勢の中国人観光客の姿があった。青空の下、両国の境目をなす場所で多くの中国人が写真を撮り、賑《にぎ》やかに話している。

国境にあったトイレにもやはり手書きの赤ペンキで「公厠」とあった。入ってみると、年季の入った汚いアジア式スクワット便器（和式の、前方のカバーがないタイプ）がむき出しのまま並んでいた。互いにコンクリートの低い壁で仕切られてはいるものの扉はなく、全貌が見える。便器の横のカゴには使い終わったトイレットペーパーが山積みになり、その隣のバケツには水と手桶が入っている。無機質なコンクリートの壁と床はハードに黒ずみ、突き刺すような刺激的なニオイが充満していた。初めて見たドアなしトイレだった。

その汚いトイレを眺め、こいつはなかなかすげえなと仰天し、中国がいよいよもうそこにあることを実感した。

モトコも若干青ざめながら、女性トイレの見学を終えて出てきた。

「これ、ありえへんな……。中国はずっとこんなんかな」

と深刻そうな笑いを浮かべた。

一方そばではTJが、パスポートを持っていないのに国境越えに意欲を見せた。パスポートを持っていたって外国人には越えられない国境だ、それは無理じゃないか、とぼくが言うと、彼は真剣な眼差しで答えた。

「おれ、アメリカの運転免許証を持ってるんだ。これで国境を越えられるかもしれないよ」

彼はどこまでも自分の国の強さを信じて疑わない人なのだった。


その後、モンラーが誇る大きなカジノに行った。緑の庭に囲まれた大きな敷地の奥にあるガラス張りの建物がそれだった。金持ちの中国人観光客を目当てとして、中国など外国の資本によってできた施設だとのことで、トムはここそが取材すべき場所だと目星をつけたようだった。建物は白、ピンク、青でカラフルに仕上げられ、大きなガラスには周囲の景色が映り込む。全体的にチープな感じは否めなかったが、周辺の町並みから見れば異質な存在で、確かに何やらいろいろ政治的な思惑などが絡んでいそうな雰囲気ではある。

「中に入ってみようぜ」

トムの声に従って、秘密のアジトに潜入でもするかのようにみなで中に進んだ。敷地の奥に入っていくと、昼間だったせいか、ガランとして誰も人がいない。なぜか建物の外に檻《おり》があり、その中では一頭のトラがもぞもぞと動いていた。そのトラを眺めていた中国人らしき人物が、どういうわけだか突然「オラッ!」とトラに向かって檻の外から蹴りをお見舞いしていた……。

だが、そんな不可思議さにもかかわらず、建物の中に入ると、ここがビルマ東部と中国南西部の国境の小さな町であることを忘れさせる都会的なカジノ空間が広がっていた。

その空間は、トムにとっては何やらすごいものだったらしい。

トムは内部の写真を撮ると、スクープ映像を手にしたように浮かれ騒いだ。そして、併設された豪華なホテルの価格表を手に入れると、極秘情報を入手したかのように「やったぞ、やったぞ!」と喜んだ。トムのはしゃぎようを見てモトコは、「いいおっさんがまったく……」と失笑する。一方ぼくは、とてもそれほど重大な事実をつかんだとは思えなくて、このおっさん、ホントにベテランジャーナリストなのだろうかという疑いばかりが強まってしまった。ぼくの目が節穴で、この場所の重要性に気づけなかった可能性もゼロではないが、それでも明らかにトムははしゃぎすぎだった。

たった数時間程度のそんな浮かれたモンラー滞在ではもちろん、ビルマのこの地域への五日間の滞在でも、ぼくがこの国についてわかったことは、決して多くはない。

ただこの地域が、北の中国と南のタイによって押しつぶされてしまいそうだという感覚を得ることはできた。まるで平板のパレットの上で、赤色と青色に挟まれて置かれた小さな白色の絵の具のように、染み出してくる両国によって、特に北の大国・中国によって、その存在が消されてしまいそうな気すらしたのだ。その象徴の一つが、モンラーであり、あのカジノだといえるのかもしれない。

モンラーからの帰り、特別区の境界のチェックポイントがある小屋に入ると、中の壁には毛沢東のカレンダーが貼られていた。真っ赤な背景の中で、笑顔の毛沢東《もうたくとう》が拍手するポーズをとっていた。

毛沢東のその不敵な笑みを見ながら、国境そばの丘の上にあるお寺から見た風景を思い出した。水色の空の中に、ボリュームのあるもくもくっとした雲が真っ白く輝き、そのすぐ下には、緑の山が緩やかに続いていた。その風景こそが、初めて目にした中国の大地だった。あそこは中国の雲南省。そしてそのどこまでもどこまでもどこまでも先まで、中国であるにちがいなかった。自分たちは、これからあの地に住むことになるのだ。

ぼくは、数カ月後には始まるだろう中国での生活を想像しながら、旅がいよいよ、次のステージに向かっていることを感じていた。

Ⅱ

中国（昆明）

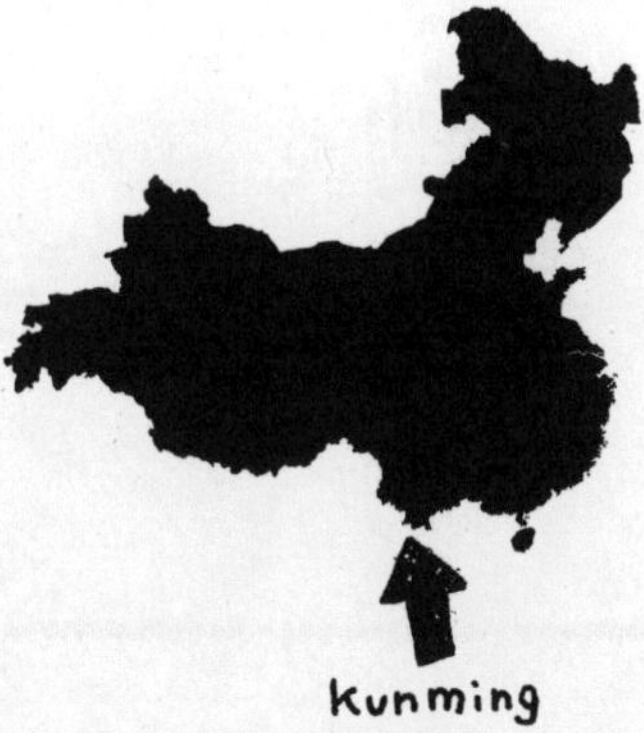

6 蛆虫とともにうんちが動く？

二〇〇四年十一月十六日。

ビルマからタイに戻った三日目の朝九時、国境の町メーサイからソンテウ（乗り合いタクシー）に乗って南東に走り、チェンセンへ向かった。チェンセンはメコン川のほとりにある町だ。対岸はラオスとなる。

ソンテウを降りて川の方を眺めると、対岸は濃緑色の木々で覆われていて、川幅は二〇〇メートルくらいはあるように見えた。その青茶色く濁った大量の水の上に、「盛達快運」という漢字が掲げられた貨物船が停泊している。船と河岸との間に三本ほど細く頼りない木の板が渡され、数十人の男たちが肩に段ボール箱を三、四個ずつ乗せて、エッサエッサとその板の上を渡り、荷を船に積み込んでいた。この船もおそらくそうだが、その下に広がる水もまた、はるか中国から延々と流れてきているにちがいなかった。

すべてが中国につながっている。そんなふうに思えてくる。

その中国の足音に引きつけられるように、ぼくらもチェンセンからチェンコンへとソンテウを乗り継ぎ、翌日、タイ・ラオス国境をなすメコン川を越えてラオスへ入った。国境のラオス側の町フエサイに泊まってから、今度はメコン川を走る小さな船に二日間乗って、一大観光地であるルアンプラバンへ。そこにしばらく滞在したのち、バスに乗って北のウドムサイに向かうと、もう中国まであとわずかとなった。

ウドムサイには、中国が国境を越えて染み出していた。店に入ると何やら中国語でペラペラペラー、と話しかけられる。知っていたわずかな単語を駆使して「中国語は話せません」と笑ってみると、「ああ、中国人じゃないのかい。でも中国語話すんだね！」とさらに中国語で話しかけられるといった具合だった。

食べるのも毎食のように中華料理。麻婆豆腐、青椒肉絲、小籠包（ショウロンポウ）、あんまん、お粥《かゆ》……。味には当たり外れがあったものの（麻婆豆腐と青椒肉絲はどこにでもあり、どこでもそれなりにおいしかった）、それらを食べるたびに、「お粥は、『稀飯』……シーファンか。あんまんは『豆沙包』……ドウシャーバオ、かな？」と、それぞれの料理の中国語を頭に入れていくように心がけた。

まだ入国はしていなかったが、気持ちはもう中国だったのだ。

モトコも、中国に着くのがすごい楽しみだと言っていた。移動続きの日々に疲れきっていた彼女は、まだ見ぬ土地での定住生活の始まりがとても待ち遠しいようだった。

ただ同時にモトコは、ある不安が徐々に大きくなっていくのを隠さなかった。

「ああ、これからあのトイレか……」

強烈にちがいない中国のトイレに、彼女はビビッていたのだ。ビルマのモンラーでついに実物が現れて以来、モトコはかなり深刻に憂鬱《ゆううつ》になっていた。

モトコが中国のトイレに初めて恐れを抱き始めたのは、しかしじつは、モンラーで実物を見るかなり前のことだった。

バンバリーでイルカボランティアをしていたとき、以前中国に住んでいた南アフリカ人ボランティアのジャッキーが、青く輝く海を見ながら、モトコに中国のトイレについて話してくれたことがあった。そのときのジャッキーの描写が頭を離れないというのだ。

「こんなトイレがあったの。入ると、大きな穴の上に、ただ足を置く貧弱な木の板が二本渡されているだけ。その板の上に足を乗せて用を足すのだけれど、板の下の穴の中は、もちろんうんちでいっぱいなのね。驚いたのは、なんだかそのうんち全体が動いているように見えることなの……。えっ？　と思ってよく見ると、うんちの中に大量の蛆虫《うじむし》がうごめいているのがそう見えたの。まるでうんちと蛆虫が一緒になってモソモソと動いているようだったのよ！　本当に気持ち悪かった。板が折れて落ちたらどうしようって思いながら、恐る恐る済ませたのよ……」

その話を聞いてモトコは、震え上がってしまったのだ。それ以来、中国のトイレといえば「蛆虫とともにうんちが動く」というイメージが染みついてしまっていたのだ。

もともとモトコは大のキレイ好き。日本にいたころから普通以上に掃除や片付けに余念がないタイプだった。それでも旅に出てからは、案外なんでもいけてしまうことがわかってきて、南京虫やゴキブリがいる部屋でも、十年ぐらい掃除してなさそうなトイレでも、他に選択肢がなければああだこうだで乗り切っていた。

それでも、中国のトイレだけは耐えられない、と恐れていた。モンラーで見たのは、さすがに蛆虫トイレほどではなかったけれど、汚さは別格だった。しかもドアなし。これから毎回、あんなトイレばかりだとしたら……。

「まあ、仕方ないよな。たぶん、慣れるって」

ぼくはそう言ってモトコの気を紛らわせたが、そう言いながら、自分自身も若干気になっていた。ドアなしトイレに慣れる日なんてホントに来るのだろうか？

ただもう、そんなこと考えても仕方がない。もう中国は目の前なのだ！

ウドムサイに二泊した翌朝——。

八時半に乗り合いバスで国境に向かって出発した。バスの中には、ぼくとモトコに加え、カナダ人カップルとオーストラリア人カップルもいた。

ラオス側のイミグレーションオフィスの前で降ろされたのが十一時半。赤土による汚れでうっすらと赤みがかった小さな建物で出国審査を済ませ、再び軽トラックの荷台に乗り込んだ。

ここから先はノーマンズランド（緩衝《かんしょう》地帯）で、ここを抜けると、中国側の国境に着くのだ。

ノーマンズランドではすでに大きな漢字表記ばかりが目につく。まだ正式に中国に入国したわけではないのに、もう完全に中国に入ったかのような雰囲気だった。道路もこのあたりからきれいに舗装され、中国へと続いていく。そして五分ぐらいでついに中国の入国審査場が見えてきた。いよいよ中国に入るのだ。

だが、そこでちょっとした問題が起こった。トラックを降り、運転手に料金を払おうとしたときのこと。運転手はラオスの通貨「キップ」か、中国の「人民元」、または「米ドル」で払うように言ってきたが、ぼくらも、同乗した西洋人たちも、誰も細かいお金を持っていないことに気づいたのだ。

ラオスキップはみなすでにイミグレーションオフィスのそばで人民元に換えてしまっていたし、また、人民元、米ドルはともに高額紙幣しか持っていなかった。逆に人民元や米ドルでのお釣りを持っていない運転手は、

「じゃあ、釣りはラオスキップで払うから、その米ドルをくれよ」

と言う。しかしこれからラオスを出る身としてはそれはありえない。ラオスキップは中国に入ってしまえばただの紙切れ同然となるにちがいなかったからだ。

国境ではいつもこのような場面で、通貨の力の違いを実感する。国境付近の町では大抵、国力の強い方の通貨は、国境を越えて通貨として機能している。だが、弱い方の通貨は、一度国境を越えるとまったく用をなさない。弱小通貨は、隣国の銀行に行っても決してその国の通貨とは換えてもらえないのだ。

タイとビルマ、ラオスとタイ、ラオスと中国、ビルマと中国。ビルマチャットとラオスキップは、国境付近だと国内ですら好まれていないようだった。その一方、中国の人民元とタイバーツは、ともに国境を越えても使われていた。

先にビルマで訪れた中国国境の町モンラーでは、通貨は人民元のみ、言葉も中国語だっ

た。中国という国の強大さは、中国に入らずとも、その周辺にいるだけで感じることができた。国力が、国境線の中に収まりきらず溢《あふ》れ出ているのだ。だから、これから中国に入ろうというぼくらにとってもまた、ラオスキップは紙切れでしかなかったのだ。

「わかった、じゃあ、ちょっと待ってくれ。この一〇〇元札をくずしてくるよ」

ぼくはそう言って、毛沢東が描かれた赤い一〇〇元札を手に、入国審査の場所まで走った。審査を待つ中国人の何人かに英語で話しかけ、一〇〇元をくずしてくれる人を探した。だが、英語はほとんど通じず、また細かい人民元を持っていそうな人も見つからなかった。ただ国境の向こうには、物売りの中国人が複数いたので、彼らなら持っているにちがいない、と思った。

そしてぼくは、まず無理だろうと思いながらも、国境警備の男に身振り手振りで聞いてみた。

「この一〇〇元札を細かい人民元に替えないといけないから、国境を越えさせてくれないか」

するとその警備員は、すぐにぼくの言っていることをわかってくれたようだった。「よし、わかった」という顔をして、何も審査していない自分をあっさりと中国側に入れてくれたのだ。

それが初めて足を踏み入れた中国だった。国境を越えると、くたびれたシャツとパンツ姿の男たちが何人も寄ってきて、何やら話しかけてくる。言葉はわからないが、とにかく「おれの車に乗れ！」と言っているようだった。早口でまくし立てる彼らの大きな声にいかにも中国らしさを感じながら、いや、自分はいまはただ、両替してほしいだけなんだと身体で伝える。すると、「おれも持ってるぞ、おれも持ってるぞ」と大勢が両替任務を果たそうとする。そのうちの一人に両替してもらい、「謝謝！」と言うと、ぼくは警備員にも礼を言って再びノーマンズランドへと走っていった。中国人の警備員は、走り去るぼくをにこやかに見送った。

初めての中国を体感して少し興奮しながらモトコたちのところに戻ると、モトコは若干真剣な顔をして、中国に行ったことがあるという西洋人から中国トイレ情報を集めていた。「イッツ・ファッキン・テラボー！」などという情緒的な情報にもビビらされ、モトコはおののいていた。「やっぱりめっちゃすごいらしいなあ……」。しかしいくら情報を集めてみても、もうこれから出てくるトイレで用を足すしかないのである。

ぼくは待っていた運転手にお金を払った。そして荷物を持って入国審査の列に並んだ。パスポートにスタンプをもらうと、今度こそ堂々と入国できた。ぼくらはいま本当に中国に入ったのだ。

両替を頼んだ物売りの男たちは、「お、今度こそおれの車に乗っていけよ!」と寄ってくるが、その中から、すぐにでも出発しそうな車を選んで乗り込んだ。

きれいに舗装された道の脇には、いかにも安普請で玩具のような建物がずらりと並んでいた。これが中国らしさなのだろうかと、ふと思う。そこからまた一時間ほどだろうか、山の隙間を猛スピードで北上していくとモンラーという町に着いた(「勐腊」と書く。もちろん、ビルマのモンラーとは別の町)。

そしてモンラーで中国最初の夜を過ごした翌日の昼ごろ、昆明行きの寝台バスに乗り込んだ。

「うわっ、なんでこんなにきれいなんだ?」

予想に反して内部が新品のようにこぎれいで、ぼくもモトコも口をそろえて驚いた。床はカーペットで、バスの入り口で靴を脱いで上がるようになっている。カーペットにも汚れは少なく、なんだか不思議なぐらいだった。車内には小さな二段ベッドがずらりと並び、それぞれに枕と布団も置いてあるので、ここにみな横になった状態で乗るのだろうと予測がついた。

それらのベッドがすべて、東南アジア的な雰囲気の肌の黒い人たちで満たされると、バスはゆっくりと街なかから山の中へ向かって出発した。

「寝ながら行くの、楽でいいな」

まさに怠慢《たいまん》な自分にはうってつけの乗車スタイルが最初は心地よかった。しかししばらくすると搬送される病人になったような変な気分になってくる。道もカーブが多く、しかも運転が荒いので、途中で酔ってもきた。

なんだか落ち着かなくて寝たり起きたりを繰り返しているうちに、バスは何時間も走り続け、やがて止まった。運転手が叫ぶ。

「厠所！　厠所！（ツースオ！　ツースオ！）」

お、聞き取れたぞ、トイレだ。と思い、次にいつトイレに降りられるかわからないので、急いでベッドから飛び降りて、靴をはいて外に出る。すでに暗くなりかけているなか、ほかの人たちについていくと、薄汚れたコンクリート壁の中にトイレがあった。モトコも「うわ、すごそうやなあ……」と渋々トイレに向かっていった。

中国初日だった昨日は宿の部屋のトイレにしか行かなかったけれど、これはいよいよ本場の中国トイレにちがいない。どんだけひどいんだろうと近づくと、半屋外のそのトイレは、まだ中に入る前から強烈な臭いでその存在感をアピールしていた。中に入ると、下半身モロ出し状態の男たちが座って用を足していた。

ちょろちょろと汚水が流れる地面の上に、円状に複数の穴が掘ってある。円の半径方向には仕切りはあったが、円の外側からは、いままさに排便中という男たちの姿が余すところなく望めてしまう。みなタバコをふかしながら、余裕シャクシャクで力んでいた。

思えば、他人が大便をする姿をまじまじと見るのは、初めてではないだろうか。その風景に衝撃を受け、また壁にこびりついて黄白色の塊《かたまり》となった尿の凄まじいアンモニア臭に息を止めていると、ブリブリブリ！　と目の前のオッサンが豪快な音を立てて排便する。そして、ふぅー、と一息。

「これはやべえなあ……」

ぼくはその光景に圧倒された。そしてとりあえず小便だけして、逃げるように立ち去った。

モトコはトイレから戻ってくると、青ざめ、吐き気をもよおしていた。

「ありえへん、ほんまにありえへん……。これからずっとこんなんだったらどうしよう……」

明らかにぼく以上のショックを受けていた。何しろこのトイレが、その後ずっと夢にまで出てきたというのだ。とにかくもうこれは、覚悟を決めないとやっていけなさそうだった。

しかしその後、今度は「吃飯！　吃飯！（チーファン！　チーファン）」という掛け声のもとで半屋外の清掃不良な食堂に止まり、寒く暗いなか、黄色い電灯の下で炒飯を食べると、そのおいしさに感激した。さすがだなあ、やはり中国はどこでもこんなにパラパラしたいい具合の炒飯を出すのかなあ、とうれしくなった。

みなハフハフカチャカチャと音を立てながらかき込むようにして食事を終えると、すぐにバスに乗り込んでいく。そして、とてもみなが乗り込んだのを確認したとは思えない状態で、「さあ、出るぞっ！」という声が何度か聞こえると、一気にトップスピードとなってバスは暗闇の中を進んでいった。

中国での生活――。いったいどんな日々になるのだろう。いろいろと想像を膨《ふく》らませ、バスの二段ベッドの上段で身体を丸めながら、ぼくは眠ろうとした。すでに夜は更け、いまどんな場所を走っているのかもわからない。でも目を覚ましたら、ぼくらはもう昆明にいるはずなのだ。
目的の場所に着く、という感慨深さはもちろんあった。同時にそれと同じくらい、着いてしまう、旅が次のステージに入ってしまう、ということへの寂しさや不安感があった。

真下の段にいるモトコとは、ほとんど何も話さなかった。何を考えているのだろうな、と思い、たまに下段を眺めると、前後の中国人に挟まれて、彼女も身体を小さく丸めながら眠りにつこうとしているようだった。

7 二十八歳、旅と人生を考える

……目を覚ますと、すでに外は明るくなりかけていた。バスは相変わらず、ガタガタ、ゴーゴーと音を立てながら突っ走っていた。そろそろかなと思い、下段を覗き込み、「もうすぐ着くんじゃない？」と小声でモトコに話しかけた。モトコはまだ眠そうにしていた。そうしているうちに、車内が慌しくなってくる。朝の冷たそうな空の下には、いくつもの大きな建物が見え始め、走っている車の数も急激に増えてきた。いよいよ昆明にちがいなかった。

朝七時半ごろ、たくさんのバスが集まる広場にぼくらのバスも入っていった。「プー、プーッ！」とクラクションの高い音がいくつも聞こえ、バスとバスの間には大勢の中国人が歩き回っていた。

着いたのだ。

眠気と窮屈さによる疲れを身体に感じながら、外に降りると朝の寒さに驚かされた。

「ヤバイ、寒すぎる！」と身震いしながら、すぐにバックパックを背負い、少し暖かそうなバスの待合室へと入っていった。そしてそのときぼくは気がついた。

「あ、今日からもう十二月なんだな」

もうすっかり冬なのだ。

そう考えると、必ずしもそれほど寒いわけではないようにも思えてくる。

冬空の下を突き抜ける大きな通りには車が渋滞し、「ブー！　ブーブーブー！」とクラクションが激しく鳴り響く。信号が変わると、無数の自転車がシャーシャーシャーッと一斉に道路を駆け抜けていく。人の吐き出す白い息がモクモクと上がり、朝食らしきものを売る屋台からも豊かな湯気が上がっていた。客引きや商売人の熱気と声が、寒さを吹き飛ばす勢いで響き渡る。

モトコは、ついに到着したこの町を眺め、

「昆明、すごい大都会やなあ……。もっと田舎かと思ってたのに」

と、その大都会ぶりに若干残念そうな顔をした。

ぼくは、思っていたより都会であることは逆にうれしいぐらいだったが、このときは、その大都会の大通りを走る自転車の数にただただ圧倒されていた。中国は、想像していた通りに中国なのだった。

それは昆明の町にとってはいつもと変わらぬ十二月の朝にすぎなかったはずだ。しかし、ぼくたちにとっては、新たな日々の始まりを告げるまったく新鮮な朝だった。

*

昆明に二泊した間に、ぼくらはこれからこの町住むことをほぼ決定した。すでにそのつもりではあったものの、やはり実際に来てみて初めて、「よし、ここに住もう」という気になれたのだ。

もともとは雲南省の北隣の四川省の省都・成都（チャンドゥー、せいと）に住もうと思っていたのを昆明にしたのは、東ティモールで仲良くなったスウェーデン人ヨハンの言葉によっていた。

「成都に住むなら、昆明の方が絶対いいよ。昆明は気候がいいしね。成都はいつも天気がよくないけど、昆明はずっと春みたいなんだ」

ヨハンはその何年か前に昆明に住んでいたことがあったのだ。雲南省の省都である昆明は、標高約一九〇〇メートルという高地にある。だから涼しく、夏は暑くなく冬も寒くな

单向通行
云康园
悠闲水岸 假日生活
云康园
广发证券
维修中

金利电脑
intel inside
pentium 4

い。天気もいつもいい、という。一方、成都は基本的に雨が多くてどうも天気が冴えないらしい。本当にそうだとすれば、確かに昆明の方が成都より魅力的に思えてくる。

さらにもう一点ヨハンの教えてくれた大事な点があった。正しくいうと、モトコにとって大事なこと。つまりゴキブリ事情である。

「ゴキブリ？　昆明にはいないよ、そんなの。見たことない。標高が高くて涼しいからね」

「ほんとに？　じゃあ、昆明にしようよ！」

モトコはうれしそうにそう答えた。そうして昆明が第一候補に躍り出たというわけだった。ただ、ゴキブリがいないというのは、まったくの誤解であることが住み出してから判明した。夜道を歩いているとき、排水溝の近くを集団で闊歩《かっぽ》するゴキブリの大群を何度も見ることになったのだ。そのたびにモトコは、「あわわわ……」と恐れおののいた。

いずれにしても、ぼくらは昆明に住むことを決めた。そして、住み出す前の一時帰国に向けてとりあえずいったん昆明をあとにした。

二十四時間以上列車に乗って中国南東部の広州へ。さらに香港へ移動し、一週間ほど滞在したあとに上海経由で成田へと飛んだ。

オーストラリアから中国まで、移動は十カ月弱に及んだ。激しい疲労感を少しばかり日本の空気を吸い込むことで回復させたかった。おそらくこういう機会を作った方がきっと旅は長続きすることをぼくもモトコも感じていた。ぼくには、一時帰国するにあたっての なんともいえない不安感みたいなものもあったけれど、家族や友だちと再会できることはすごくうれしいことだった。

久々に会った友だちの近況を聞くと、みなそれぞれに進展があった。仕事が忙しくなってきた。子どもが生まれた。仕事が変わった。大学を受け直す。これから海外に行く……。友人の多くが三十歳の手前で、それぞれ、社会人としての経験も積んで、動きが活発な時期だった。

そんな報告の中に、友人の死の知らせがあった。週刊誌の記者をしていた高校時代の友人が、少し前に自ら命を絶ったというのだった。

彼と最後に連絡を取ってからすでに数年がたっていたが、まさかそんなことになっていようとは想像すらできなかった。楽しく陽気だった姿しか思い浮かばない。あいつがなんで……。

どう受け止めていいのかわからなかった。言葉がなかった。しかし、自分が吃音《きつおん》のことを隠し続けてきたのと同様に、彼にも、周囲には見せない大きな苦悩があったのかもしれない、と思った。

友人の死によって、ぼくは時間の経過を強く感じた。旅を始めてからまだ一年半がたったにすぎない。しかしその間に、彼はこの世からいなくなった。ぼくに旅に出るきっかけを与えてくれた先輩でもあり同輩でもあったUさん※に続いて、あまりにも頻繁すぎる死の知らせだった。

三十代が完全に視界に入り出したこのころ、いろんな形で、各自の人生がそれぞれの方向に向かって動き出していた。日本社会のシステムを考えると、そう簡単に後戻りできない時期にさしかかっている。それぞれが、自分が選んだ道と真正面から向き合って、これからどうやって生きていくかを真剣に考えなければならない時期に来ていることを、ぼくは友人たちと話しながら実感した。

そういう流れをほとんど断ち切った状態で、ふらふらと旅を続ける自分たちの生活に不安がないことはもちろんなかった。むしろ不安はいくらでも浮かんでくる。このままでライターとして食っていくことはできるのか。あと何年かした後に日本に戻ってくるとすると、そのとき自分たちは日本で生活していくことができるのか……。

これからぼくらは中国の雲南省で暮らし始めようとしている。住む場所も決まってなく、何をするかも明確ではない。ライターなどによる収入のメドが立っているわけでももちろんない。そんな状態で、とりあえずその町に行ってから何かを見つけようという自分たちの選択に、ふと弱気になりそうな瞬間もあった。

しかしその一方、そう思いながらも、中国で暮らそうという気持ちが揺らぐことはなかった。不安材料が無限に頭をもたげながらも、未知の生活が楽しみで仕方なかった。

それはぼくにとってはもしかすると、二人だったからかもしれない。ときに淡々と、ときに熱く旅を楽しんでいるように見えるモトコの存在は、ぼくにとってとても心強かった。また、日本を出た方が自分にとっては楽にちがいない、という気持ちもあった。そんないくつかの要素が、自分の意識を中国へと向かわせた。

プラスマイナス両方の気持ちを持ち合わせながら、二〇〇五年の新年を日本で迎えたあと、ぼくらは再び中国へと旅立った。

関西から沖縄へ飛び、本島と宮古島で友だちに会ってから、台湾へ船で渡った。台湾でさらに別の友人に会ったのちに、香港経由で雲南省昆明へ。

沖縄から台湾、そして昆明にかけてはモトコとケンカばかりしていた。理由らしい理由はいつもほとんどなく、なんとなく不穏な空気が流れ始め、いつしか口をきかなくなる。日本に戻ってみて、もう遊んでばかりいられないという気持ちになり、ぼくはどこにいても、何か書かないと、と焦っていた。沖縄では、歩いて感じたことを書いて地元の新聞に投稿し、台湾では隔月連載の次の回をどうするかをずっと考えていた。ケンカが多かったのは、自分のそんな焦りの気持ちをモトコへぶつけてしまったということもあるいはあったのかもしれない。

おそらくモトコも、日本に帰って家族や友だちの状況を知ることで、きっと何かしら心の揺れがあったのだと思う。

期待や不安でモヤモヤした気持ちを、ぼくもモトコもそれぞれ抱え、それをぶつけ合いながら、台湾を発《た》ち、香港経由で昆明へと飛んだ。今度こそ、生活を始めるために昆明の地を踏んだ。

そうして、昆明に戻ってきたその日のこと――。

ぼくらのケンカは収まるところを知らず、その夜、宿の近くの食堂で晩飯を食べているとき、二人の間で大きな論争が巻き起こり、一気に険悪ムードが頂点に達した。論争の内容は定かではないけれど、とにかくそのあと口をきく雰囲気ではなくなり、ぼくは一人で宿のそばのカフェに行き、モトコは宿へと戻った。

「フレンチ・カフェ」という外国人が多いらしいカフェに入ると、方々から英語と中国語が聞こえてくる。見ると西洋人が流暢《りゅうちょう》な中国語を話している。昆明にこんなにも外国人がいるものなのかと少し驚きながら、二階に上がり、薄汚れたソファの席で一人コーヒーを飲んだ。そのときふと、もしかしてと思い、ノートパソコンを開いて台湾で買ったばかりの無線LANカードを挿入してみた。するとなんとそこで無線でネットができてしまうではないか。当時ぼくはまだ無線LANなど使ったことがほとんどなくて、カフェでネットできることなんて想像もしていなかった。

「不思議な世の中になったもんだなあ……」

そう感じる一方、モトコが言ったように、昆明は想像以上の大都会なのかもしれないと思った。

とりあえず家が見つかるまで滞在できる宿も決まったし、このカフェに来れば自分のノートパソコンでネットができることもわかった。

昆明生活、どんなことになるのかわからないけれど、なんだか楽しそうな予感はする。そんな気持ちと中国到着を知らせるブログ記事をカフェで書いて、よし、まずはモトコと仲直りしようと思いつつ宿に戻った。

帰るとモトコはすでに寝ていた。お互い環境の変化に疲れているにちがいない。明日から生活基盤作りをしないとなと思い、ぼくもベッドにもぐりこんだ。

※Uさん……著者が強く影響を受けた高校・大学時代の先輩かつ友人。二〇〇三年死去。（『遊牧夫婦』参照）

8 家賃一万五〇〇〇円の快適生活

朝、簡素だけれどこぎれいな宿のベッドの上で起き上がり、さて、と思う。

さて、これからどうしようかと。

モトコとのケンカムードは残っていたけれど、とにかく、何か動き出さなければ生活が始まらない。窓の外は並木道の学生街。この町に住む人たちの日常の声が賑《にぎ》やかに聞こえてくる。

住む場所は決まっていない。言葉はわからない。知り合いもいない。その状態で、ぼくたちはゼロから生活を作り上げていかねばならないのだ。

この感覚は、バンバリー到着以来のことだった。ただ違いは、バンバリーのときは、言葉も通じたし、イルカに関わるボランティアをするという明確な目的もあって、するべきことがクリアだったのに対し、昆明ではまず誰を訪ねたらいいのか、人とどうやって話せばいいのか、というところからのスタートだったことだ。

もっとも、そのまったく何も決まっていないという状態は、ぼくにとっては心地よくもあった。単に行動が自由なだけなら旅をしているときもそうだったけれど、ここに住もうとしているいま、これから自分で何かを構築していくんだという感覚が楽しみでもあったのだ。

知り合いを作り、住む場所を確保し、言葉を学ぶ。するときっと少しずつ、生活環境が整い、町に自分の網目ができていくはずだ。

そうした環境作りを進めていくと、いったいこの町が自分にとってどのような場所になるのか。自分はどう変わっていくのか——。想像するだけで気持ちが高ぶってくるような感覚があった。

とはいえぼくは、それほどチャキチャキ動く方ではない。

「しばらくは宿で生活するのも悪くないな。その間にゆっくり部屋を探していけばいいんじゃないかな」

とりあえず流れに身をゆだねながら、少しずつ基盤を整えていけばいいのでは、だからひとまず飯でも食って、カフェにでも行って……、とすぐだらけ路線に走ってしまう。しかしモトコはそうではない。決めるべきことは早く決めてしまいたい方なのだ。

「部屋、早く決めようさ。宿にしばらくなんて落ち着かへんやろ。どうせ探さないといけないんなら、さっさと探してしまおうさ」

そう言ってキビキビと動き出し、ほら、行くで、行くで！　とリードする。宿探しと同じで、単純にぼくは部屋探しが嫌いでモトコは好きというだけの問題だったのかもしれないけれど。

その上さらに、宿にいるより部屋を借りた方が安いし快適だ、という話も聞いて、できるだけ早く部屋探しを始めようということになったのだ。

宿を出て歩き出すと、目の前に広がる風景は、まさに思っていた中国そのものだった。道を行く人一人ひとりが中国を代表しているかのような姿に、目を奪われた。

移動式の屋台では、麵や油条（ヨウティアオ、中国風揚げパン）や豆乳が売られ、色の浅黒いおばちゃんが引くリヤカーには、大量の野菜が載せてあった。売り子が顔を突き出して大声で叫び、熱心に客引きをしている。

道端では、青い学らんのような人民服を着た老人が何をするでもなく座り、ふとその脇に目をやると、母親に連れられた小さな子どもが股の割れたズボンの穴から通りに直接小便をしている。家や店の前では、昼間から中年の男たちが真剣な面持ちで机を囲みトランプや麻雀に興じている。また工事現場では、作業員たちが、着古したスーツにヘルメットをかぶっただけの姿で作業をしているではないか……。

屋外のマーケットに行けば、大きな机の上に生肉の塊《かたまり》がただドサッと並んでいる。その周りをハエがビュンビュン飛び回る。肉片を手で触りながら、客が、

「じゃ、これ五〇〇グラム！」

と大声を上げると、大きな包丁を持った男が「好！（ハオ！）」と言って、ドーンと包丁を振り下ろす。その重さを、昔ながらの天秤《てんびん》におもりを載せて量るのだ。

店で何かを買っても、店員はまず「謝謝」などとは言わない。そこでついつい日本風に、商品を受け取りながら「謝謝」と言ってみると、店員が、「あんた何にお礼を言ってるんだ」といった不思議そうな目でちらりとこっちを見てきたりするのである。

方々から早口で大きな声が聞こえ、気持ちのよさそうな笑い声が響き渡る。何を言っているかは全然わからないものの、これからここに住むんだと思うと、その一人ひとりに不

思議な親しみが湧いてくる。
数日間、部屋を探しながら昆明のいろんなところを歩いてみたが、見る風景がそれぞれ新鮮だった。すべてがワイルドでアバウトで、見ているだけでなんだか肩の力が抜けてくる。おれももっと力を抜いていいんじゃないか。そういう気持ちにさせてくれるのだ。

宿に滞在している間は、毎日のように宿のそばの食堂で朝飯や昼飯を食べたが、食生活がまた本当に魅力的だった。

宿がある通りの角にあった「東方之旅」という食堂に、ぼくらは最初のころよく通った。イスやテーブルが道にはみ出して並び、その席までいつでも人の姿で溢《あふ》れている。蒸籠の中の小籠包（ショウロンポウ）や肉まんが、湯気を立てて冬の空気を温める。その横で、顔がどんぶりの中に浸かりそうなほど背を曲げた学生が、真っ赤なスープの辛そうな麵をシュルシュルシュルッとすすり上げ、着古したスーツを身に着けた寝ぐせ頭のおじさんが、ハフハフハフッと脂ぎった炒飯をかきこんでいる。

メニューを見ると、麵類も炒飯も一人前五〇円程度で、肉まんのような厚手の皮の小籠包は、一〇個で三〇円でしかないのだ！

小籠包を黒酢につけて口に運ぶと、なんともいえない幸せな気分に満ちてくる。炒飯を頼むと、ご飯の横にこんもり盛られたキャベツの漬物がまたおいしい。ケンカしていても、食べていると思わず互いの顔がほころんだ。

また夕食は、たとえばこんなだった。肉野菜の炒め物、ほうれん草の油炒め、トマトと卵のスープがそれぞれ二人で分けられるように大皿やボウルにどっさり。そして大きなボウルに入った山盛りの白米。それが全部で二〇〇円ほどなのだ。

「すげえ幸せだなあ……。おれ、毎食、こういう中華でも全然飽きないと思うな」

ぼくは何度もそう言った。本当に飽きない自信があった。その自信は、徐々に揺らいでいくことになるのだが、このときは、この食生活の中にいる限り、自分は幸せでいられるような気さえしていたのだった。

さて、部屋探しだ。

何をするにもまずは携帯電話が必要なので、まずは電話局へSIMカードを買いに行く。

「対不起（すみません）……」

ドゥイブチー……と適当な発音で言ってみるが、そう言ってみても、知ってる単語がまだ一〇単語ぐらいしかなく、その先、会話のしようがないことに気づかされる。笑ってごまかしながら英語にいくつかの中国語の単語を盛り込みながら話してみる。それに漢字の筆談で補足する。すると思っていた以上になんとかなった。オーストラリアから愛用していた黒く大きなノキア携帯は、スムーズに新たな番号でよみがえった。

「この『手机』ってのが携帯のことなのか……」

漢字とはいえ、日本語とはまったく異なる文字の組み合わせに驚かされることもある。「手」に「机」で「ショウジー」と読んで携帯電話の意味なのだ。あとから調べてみると、「机」は「機」を簡略化した文字なのだということが判明する。それで、あ、「手で持つ機械か」と納得した。

部屋の賃貸の貼り紙がカフェの前などに貼ってあるので、目ぼしいものを見つけては、連絡しては部屋を見学する。また、手当たり次第に不動産屋を回って部屋を見た。

不動産屋の人たちは誰もが暇そうだった。みな、非常にくたびれたジャケットとパンツとシャツ姿で、大声でだべりながら麺などを食べている。そこに右も左もわからないぼくら日本人カップルが入ってくると、「おっ、なんだ?」と、興味深そうにみなこっちを見る。

「ニイハオ!」と勢い込んで言ってみても、これまたその先が続かない。でも、何軒も回っているうちにだんだんと言うべきことがわかってくる。

「我们要房子。两个房间、一个客厅……」

ウォーメン・ヤオ・ファンズ。リャンガ・ファンジエン、イーガ・クーティン……。部屋を探してます。二部屋にリビング一つで……、という具合だ。持っていた中国語フレーズブックに書かれた単語を適当に並べて適当な発音で話すだけでも、シチュエーション的になんとか理解はしてもらえる。それに対して、彼らは容赦ない勢いで応対してくる。

「お、部屋探してるのか！　中国人じゃないのか？　どっから来たんだ？　日本人か。そうか、そうか。昆明はいい町だろ！」

などと言っていたはずだ。それに対して、「好、好（ハオ、ハオ）」などと適当に受け答えすると、「よし、任せとけ！　これはどうだ？　こんな部屋もあるぞ。环境好！（ファンジンハオ、環境よし！）、很干净！（ヘンガンジン、超きれいだ！）」と高速でいくつもの物件を提示してくる。

しかしぼくらには向こうの言ってることはいくつかの単語以外はほとんどわからない。ただジャパニーズな愛想笑いをしながら、展開を待つしかない。そして、ほとんど言われるがままに、提案される部屋に一緒に見学に行くというわけだ。

もちろん店によっては、五分前に殴り合いの大ゲンカでもしたかのような不機嫌面な男に、

「はあ？　何？　なんだって？　言ってることがわかんないよ！　中国語わかんないなら

ほか行ってくれ！　ほら、帰った、帰った！」
と追い出されることもあった。そういうときはこちらもむっとして、「なんだよっ」と、わざと舌打ちをして出ていったりした。とはいえそんなのも含めて、雑だけどストレートな対応は、わかりやすく話が早かった。異文化のよそ者にとっては、あいまいにされるよりはよっぽどいいと思うこともあった。

探していた部屋の条件はいくつかあった。その中でもモトコ的にどうしても譲れないのは、トイレが洋式という点だった。ぼくもできればその方がよかった。というのは、中国式の家庭トイレもまたなかなかすごいからだ。

さすがに家庭でもドアなしでリビングから大便シーンがしっかり見える、などということはない。では、普通のドアありのアジア型トイレと同じなのかといえばそうでもない。

驚くべきことに、トイレとシャワーの空間が一体化しているのだ。すなわち、畳一畳分もないような地面の中央にトイレの穴があり、それがトイレで、その真上にシャワーがついているのだ。つまり、便器をまたいでシャワーを浴びるという格好になる。

中国では、家がきれいでもトイレだけは快適さをまったく追求していない場合が多く、トイレを広く快適にしたりする余裕があるのなら、その分部屋を快適にする方がいいじゃないか、そんな思想があるかのように思えた。

だから、トイレが洋式というのは当時の昆明ではかなり贅沢なチョイスに入るらしかった。それだけで住む場所の選択肢はかなり限られるのだ。そしてそれを満たそうとすると必然的になかなか広い高級マンションになっていく。それでも価格は極めて安いので、だんだんとそういう部屋に絞られていった。

だが「洋式トイレ」という言葉がなかなか通じず、最初は困った。「西式厕所（シーシーツースオ）」と言えばいいのだろうと思ったものの、どうも違うのか、発音が悪いのか、わかってもらえない。ぼくが言う。続けてモトコが言う。それでもだめ。だから大抵、ジェスチャーで洋式トイレを表現しなければならなかった。

念入りなモトコは、部屋を実際に見るときには、必ず、トイレの流れ具合を確認した。洋式だったとしても、詰まりそうだったり、水の流れが悪そうだと、モトコは、

「ここはあかんな」

と一気に却下する。というのも、昆明では排水が悪く汚物が逆流してくるマンションが少なくないと聞いていたからだ。ちなみにこのあたりでは、どこのマンションも紙はトイレには流せずゴミ箱に捨てなくてはならなかった。リッチなマンションでも同じで、それはどうしようもないことだった。

そうして四、五日間、一〇戸ほどの物件を見て回った。それでもなかなか決められなかったのは、言葉の問題で細かい話ができないことが原因として大きかった。

そんなぼくらに困ってしまった不動産屋のにいちゃんが、

「まったくしょうがねーな、あんたらと話してもらちがあかない。よし、おれの友だちの日本人を連れてきてやる。彼に通訳してもらってくれ」

と、知り合いの日本人を携帯ですぐに呼んでくれた。すると、メガネをかけた人当たりのよさそうな中年の日本人男性が現れた。彼も昆明で中国語を勉強しているとのことだった。その人の登場以来、「ああ、こんなに自分たちは理解できていなかったのか」とあきれるほど、細かな条件がわかってきた。

おかげで、ぼくらはついに、決断することができた。決めたのは、一〇〇平方メートル以上あるきれいな3LDKの部屋だった。

この部屋を見に来たとき、モトコがいつも通りトイレチェックをしようとトイレに行くと、不動産屋のにいちゃんがついてきた。モトコが便器を覗くと、誰も住んでいない部屋なのに、なぜか小便が残っている。モトコは「うわっ、なんやこれ」と思ったが、にいちゃんも、「やべっ」と思ったのだろう、何食わぬ顔でさっと水を流し、知らん顔をした。

だが、モトコもぼくもだんだんとそんな中国のペースには慣れてきつつあった。

「トイレにおしっこ残ってた……。なんで？　って思ったけど、まあ、流れはよかったで。この部屋いいかもな」

残尿トイレに惑わされることなく、モトコはちゃんと本質で判断した。気に入ったようだった。ぼくもこの部屋はなかなかいいと思った。

部屋はまだ新しそうで、リビングにはベージュの大きな革のソファやテレビなどもそろっている。こんな部屋に、ほとんど無収入な自分たちが住めるのだろうかと思いつつも、値段は月一万五〇〇〇円ほどでしかない。モトコと二人で半分ずつ払うので、一日当たりに直すとタイの安宿より少し高いぐらいでしかないのだ。こいつはすごい、と感激した。

部屋に見合ったナイスな浴室にはバスタブもある。トイレシャワー同室文化のこの地では、バスタブなんてのはまさにブルジョワアイテムそのものだ。しかもバスタブの上には「熱水器」がある。

晴れが多い昆明では、大抵の住居は、太陽光発電によって日中に水も温めておき、それをシャワーに使うという構造だった。非常にエコなのは間違いないが、日中に雨が降ったり天気が悪い日には温水が使えない。すなわち、寒くて雨に濡れた日などに限って温かいシャワーを浴びることができないという悲惨なシステムなのだ。そこで熱水器がうれしい。これがあれば、太陽光による温水がないときには、電気で温水が作れるのだ。これももちろん、高級アイテムの筆頭ともいえる設備だった。

トイレの紙はやはり流さずにゴミ箱に捨てなければならないとか、洗濯機が二層式だとかいうことはあったものの、それでも文句なくリッチな部屋にちがいなかった。

さらにもう一点驚くべきなのは、このときぼくらはまだ観光ビザしか持っておらず、その上、中国語も話せないのにもかかわらず、そんなことは部屋を借りる上で一切障害にならなかったことだ。

部屋を借りたい、そして金がある。それだけ示せればOKだった。中国は「まず現金」という社会なのだ。病院も前払いで、金を払わないと治療をしてもらえない。金を見せないと救急車にも乗れない。徹底しているのだ。だから逆に、金があれば、融通が利くのである。

ちなみに中国で部屋を借りるときは、「押金（ヤージン）」という保証金を最初に預けるのが一般的だ。その上、ぼくたちの経験では、基本的に家賃もすべてまとめて前払いなのが普通なようだった。つまり、半年住むなら半年分の家賃を先に払うのだ。記録を見るとぼくたちは最初に八カ月分を支払っている（仲介料その他を加えて計一五万円程度）。それだけ払えるかどうかが、貸せるかどうかの判断基準となるのだろう。

ぼくらはその金額を、部屋を決めたその日のうちに現金で一気に支払った。そうしてぼくらの住む部屋が決まったのだ。

中国では、基本的には部屋はどこも家具つきで、荷物を持って引っ越せばすぐにそのまま生活をスタートできる。この部屋もそうで、ぼくらはその翌日に引っ越した。運び込む荷物はバックパックしかないので、引っ越しといっても、ただ来れば終わりだった。

部屋に落ち着いたあと、ぼくはベージュの大きなソファに身をゆだねながら、

「すごいな、ここ！　いきなりこんなところから生活始めたら、これから他の場所住めなくなりそうだなあ」

と言い、思わず笑ってしまった。

モトコも同じように、とてもうれしそうだった。これまで日々泊まっていた部屋が、やれゴキブリ、やれ南京虫、やれ雨漏り、という感じだったから、なおさらだったのだ。バンバリーでは安宿暮らしだったため、ここが二人で暮らす初めての部屋らしい部屋となった。

ほとんど無収入の状態でこんな場所に住むことになって、ぼくは、自分たちが日本人であることでいかに大きな恩恵を受けているかということを感じざるをえなかった。生まれた場所がたまたま日本だったというだけでこんな生活が可能になってしまう。そのことに

若干の後ろめたさや申し訳なさを感じ、それはちゃんと認識しないといけないなと強く思った。その一方で、快適な生活の始まる予感に心躍っていた。

掃除をしたり、住民登録の準備をしたり、カフェに行って連載の原稿を書いて送ったりとバタバタしているうちに二月も最初の一週が過ぎていった。

そして七日になると多くの店が閉まっていることに気づかされた。しかも「十六日まで休み」などと書いてある。そう、中国最大の大型休暇である春節（旧正月）がやってきたのだ。この年は二月九日が春節の元日で、その数日前からみな休み出していたのだった。まだ一緒に年越しを祝う友だちがいるわけでもなかったから、八日、大晦日《おおみそか》の夕方、二人でふらりと外に出かけた。

多くの家の扉の前には「福」の字が逆さに描かれたお祝いの紙が飾ってあった（逆さは中国語では「倒、ダオ」で「到（＝来る、着くの意味）」と発音が同じため、「福が来る」ことを意味するという）。

マンションの門には、赤い提灯《ちょうちん》が複数並んでかけられている。外に出たのはまだ八時ごろだったが、子どもも大人も一緒になって、ロケット花火を手に持って、シュッシュッと打ち上がる赤い光を目で追いながら空を見上げ、地面をなめるようにシュルシュル回転し

続けるねずみ花火を笑顔で見つめている。裏通りでは小さな子どもたちが集まって、また街ではカップルが手を取り合って歩き、新年の訪れを待っていた。しかし全体的には人の姿はまばらだった。外で大勢で祝うより、家で家族で過ごす日なのかもしれなかった。

昆明の町の憩いの場である湖、翠湖（ツイフー）の周りを歩いて、新年を迎える前にはぼくたちも部屋に戻った。

高台の五階にあるぼくらの部屋からは、町がかなり広域にわたって見渡せる。夜景がとてもきれいで、数カ月前、タイやラオスにいたときには、昆明でこんな部屋に住むことになるとは考えてもいなかった。

ぼくもモトコも、すっかり部屋が気に入って、そこにいるだけでなんだか幸せな気分になれた。

「チェンマイとかで安宿に泊まってたのが、なんかすごい昔のことみたいやなあ……」

夜の昆明を眺めながらモトコがつぶやいた。

数カ月前までまったく縁もゆかりもなかった町にバックパックを背負ってたどり着き、いつの間にかこんな部屋を借りてぼくらはその住民になっている。自分たちはここで半年か一年か暮らすんだと思うと、とても不思議な気分になった。

どんな一年が待っているのだろう――。

まったく予想ができなかった。これから中国語が少しずつ話せるようになって、いろんな人と知り合って……。中国語を話している自分も想像がつかないし、半年後、自分がどのような気持ちで過ごしているのか、まだこの部屋に住んでいるのかも、すべてが未知だった。でもだからこそ、そのすべてが楽しみだった。

そんなことを思いつつ、少し興奮気味に、モトコとともに夜景を眺めていると、まさに新年になろうとしていた。ベランダから市内を眺めると、視界が届く限りすべての場所で一瞬たりとも間を置かず、大きな花火が上がり続け、無数の爆竹が間髪いれずに爆発した。白や赤や黄や緑の光が、一度にいくつもぱっと空に広がった。そしてその閃光《せんこう》が消えたと思うと、また次の光が真っ暗になったはずの町を照らし出した。

新しい一年が始まったのだ——。昆明にも、ぼくたちにも。

9 雲南師範大学で中国語を学ぶ

朝七時過ぎには目を覚まし、クッキーなどをちょっとつまんで、八時前には家を出る。マンションの入り口にある自転車置き場のおじさんに「早上好！（ザオシャンハオ、おはよう！）」と挨拶《あいさつ》してから自転車を出すと、にっこり笑って「勉強がんばって！」と送り出してくれる。

昆明の三月は、思っていた以上に寒かった。一年中春のような気候のために昆明は「春城」と呼ばれると聞いていたが、そんなのはウソじゃないかと思えるほど寒い。日中の温度は四度まで下がる日もあった。

特に朝、自転車で家を出るときはきつかった。でもいつも時間がない。

「やばい、遅れる！」

ギリギリになりながら、モトコと二人、自転車を飛ばして大学に向かう。マンションを出ると、前の通りの側道では、少年たちが自ら敷いた新聞紙の上で尻を出して大便をしている。終わると自分の便を新聞紙にくるんで近くのゴミ箱に捨てに行く。もはや日常的となったそんな光景を横目に、大きな坂を上って下りると五分ぐらいで大学に到着する。そしてぼくらは二人で同じクラスに飛び込むのだ。


三月に入って大学の語学コースが始まった。

せっかく中国にいるのだから、もちろん中国語を勉強しない手はないと、ぼくらは部屋探しをしながら学校探しも進めていた。学校に通えば学生ビザが得られるのも大きかった。しかも、学費は一年で十数万円程度で済んでしまうのだ。

大学といっても、外国人向けの中国語クラスなので、授業料を払えば誰でも入れる。複数の大学があったなか、ぼくらが選んだのは雲南師範大学。先生の評判が悪くなく、家から近いから、というぐらいの理由で決めたが、そうしてぼくらの旅の途中の学生生活が始まった。

ぼくらは週四日、十二時間授業を取ることにした。会話、リスニング、総合の三種の授業がそれぞれ週四時間ずつで、レベル別のクラスは、自分に合ったところを選ぶことができた。

「とりあえず入門クラスを見てみようか」

と、もっとも簡単なクラスを覗いてみると、西洋人の姿が目立つ。男の先生がときどき英語を話しつつ黒板に書いている文字を見ると、

「一、二、三……」

イー、アール、サン……。そしてそれを見ながら、西洋人たちが真剣な面持ちでノートにひょろひょろーと横線を引く……。

「さすがにこれはおれたちには意味ないよな……」

ぼくらは、その一つ上の准《じゅん》初級クラスに入ることにした。

しかしこちらに行くと、今度はまったく英語はなし。すべて中国語の容赦ない授業だった。

テキストのレベルは、「花子は学校に行きました。太郎は部屋で勉強をしていました」ぐらいな感じで極めて簡単なことはわかるものの、先生が何を言っているのかは皆目わか

らない。

あるとき先生が何か一言言ったあと、学生がみな急に立ち上がって話し出した。休憩かな、とは思ったものの、ぼくもモトコも、いつそんな合図があったのかはまったくわからなかった。

そこで、そのときの女性の先生に、「何の時間ですか」と、身振り手振りを使って聞いてみると、先生が繰り返す。「シウシー、シウシー」。しかし、全然ピンとこない。まだわからないの、と先生が黒板に書いてくれたのは、「休息」。そうか、これをシウシー（xiuxi）と発音するのか、といったレベルだったのだ。


まさにそんなゼロの状態からのスタートだったが、何も知らない状態というのはすぐに進歩が感じられるし、勉強するのも楽しいものだ。たとえば「風呂に入る」は「洗澡（xizao、シーザオ）」なのか！　と知るだけで勉強になっているのだから。そして毎日新たに覚えた単語やフレーズを使って、クラスメートや先生と会話できるようになるのもまたうれしいことだった。

ぼくたちが最初にいたクラスは、日本人三人（ぼくら二人と年配のおじさん）とベトナム人五人ほどという構成だった。ベトナムは雲南省と接していることもあり、昆明にはベトナム留学生は多くいた。特に、若い子が多く、ぼくらのクラスも二十六歳の医者の男一人以外はみな十代だった。彼らと一緒に授業を受けているとなんだか高校時代に戻ったような気分になる。やる気のあるなしももちろんまちまちで、若いベトナム人たちの中には、留学生活をエンジョイしすぎていそうな子も少なくなかった。

面白いのは、先生とこのベトナム人たちの攻防だ。ここで先生というのは、特に会話クラスの于老師（ユー・ラオシ。「老師」とは先生のこと。念のため、「老師」といっても、おじーさんというわけではない。于老師は二十代半ばぐらいの女性である）。

于老師は、サザエさんのようなまん丸おひさま顔の、感じのいい先生だったが、なかなかの気分屋らしかった。むっとしているときは露骨に日は陰り、相手によって気持ちがいいほど態度が異なるのも見て取れた。

彼女はぼくやモトコにはいつも笑顔で親切だったが、真面目に勉強しないベトナム人留学生にはこれでもかというぐらい怒りを露《あらわ》にした。あるとき彼女は、ぼくらにこんなことを言った。

「ベトナム人留学生の多くはお金持ちの子どもで、親に『留学でもしてきなさい！』と昆明に送られてきているの。だからもともと勉強する気なんてないのよ」

その真偽は不明だが、やる気のなさそうな学生が多いのは確かだった。ある十代の学生はいつも、教科書なんて開かないぞ、といった態度で授業に臨む。すると于老師は黙ってはいない。彼女は、新たに教えた文法でこんな例文を作り出す始末なのだ。

「あなたたちは親に強制的に勉強させられているので、やる気がない」

さらに于老師は、ある日二時間の授業中ずっと一人のベトナム人を完全無視するという作戦にも出た。彼だけは絶対にささず、まるで存在していないかのように扱っていた。無視されていたのは、試験前になって久々に現れた番長のような少年だったが、さすがに若干かわいそうになった。于老師は、「やるときはやるわよ」といったオーラを放っていた。

ベトナム人についてはこんな評判もあった。「させれてなくても答える」「他の人が間違った答えを言うとすぐ訂正する」。それは自分も、しばらくするとわかってきた。

クラスに一人、とても真面目に勉強しているベトナム人女子学生がいた。彼女は特に、その訂正スピードが速かった。たとえば、于老師がぼくをさす。そしてぼくが、えーっと……と考えながら、

「今天我学習……（ジンティエン・ウォ・シュエシー……）」などとゆっくり答えると、そのそばからいきなり、

「不対！（ブドゥイ、違います！）それは……です」

と言われてしまうのだ。最初は「なんだよ」と思いつつも笑って見ていられたけれど、

何度もやられるとだんだんと「もう、勘弁してくれよ」と頭にきてしまう。

しかしそういうことを含めて、これまでベトナム人とこんなに間近で毎日顔をつき合わせたことはなかったから、彼らと一緒に過ごすことは、新たな世界を見ているような新鮮さがあった。


この学校にはいろんな国の人間がいた。ベトナム、タイ、韓国、日本といったアジア人や、アメリカ、オーストラリア、スウェーデンなどの西洋人だ。

東南アジアや韓国の出身者は、ほぼ全員、二十代前半または十代の大学生留学組だったのに対して、日本人や欧米人は二十代後半から三十代のバックパッカーあがりが多かった。学生の留学組もいるにはいるが、大多数はぼくたちのような長旅の挙句《あげく》に昆明に行き着いて、しばらくダラダラするついでに中国語でも学んどこうという「遊学」組、または自国である程度働いたのちに仕事をやめてやってきた人たちだ。

日本人の中には、年金暮らしの年配男性たちも少なくなかった。気候がよく物価も安い昆明で、中国語でも学びながら年金で一、二年のんびりしようや、ということなのだろう。そして聞くところによると、中には、ベトナム出身などの若い女子留学生に、資金を援助するから一緒に住もうと持ちかけて……というエロ爺さん風な人もいたようだ。昆明の物価だと、年金だけでそんなことも可能になってしまうのだ。

一方、欧米人は、ぼくの偏見のもとでざっくり分けると、純粋にアジアが好きな長期旅行者タイプと、アジア人の女の子にモテるのが楽しくて仕方ない「ビッグ・イン・アジア」タイプがいた。「ビッグ・イン・アジア」とは、自国で売れなくなった欧米の歌手などが、最近テレビなどに出てこないなと思ったらアジアで大ブレイクしていて、"He is big in Asia !"と失笑される状況のことをいう、とバンバリー時代のオランダ人の友だちレミーに教わった。アジア人として若干癇《かん》に障るが、言いたいことはよくわかる。

そのビッグ・イン・アジアくんたちは、一見、服装も地味で真面目そう、でもイケメン、というタイプが多かった。話すと大抵みな純情そうなナイスガイ。おそらく自国ではそれほどモテるタイプではなく、中国にも、必ずしもモテるという計算があって来たわけではないものの、来てみたら、「びっくりするほどモテちゃってよ!」と思わず勢いに乗ってしまったという感じに見えた。彼らはみな日々遊びに余念がないながらも、要所要所で根の真面目さが垣間見えるのが特徴だった。

ただどちらのタイプにしても、欧米人の中国語はおしなべてかなりうまい。言葉は話すものだという意識が強いからだろう、漢字の読み書きは一切できなくてもみな流暢《りゅうちょう》に中国語を操る。特に「ビッグ」くんらは、中国人の女の子たちとの実践会話が豊富なため、上達が速いのはいうまでもない。

東南アジア組はといえば、ほとんどが大学生なのでおそらくみなそれなりに勉強しているイメージだった。タイ人にしても韓国人にしても中国語は大概うまく、ベトナム人はすでに書いた通りである。

しかしこういう環境の中に入ると、日本人はホントに発言しない国民であることがよくわかる。欧米人は、発言できる機会があれば間違えようが恥をかこうがとりあえずは何か考えて声に出すし、ベトナム人は、発言の機会がなくてもガンガン話し出す。その中では、機会があっても話さない日本人の傾向は極めて顕著になる。

日本人は、漢字が読めてなんとなく単語の意味もわかるため、かなりのアドバンテージがあることは間違いないが、話す力はやはり話さなければ上達しない。そうして、読み書きはダントツで優位に立つ日本人が、会話力においてはもっとも劣るというような結果になってしまうのだった。

ただぼくは、日本人の中ではおそらく、授業中に積極的に発言する方だったと思う。なんとなく黙っている日本人という印象を持たれるのがいやだったこともあり、ぼくは欧米人と同じクラスになったときも彼らに劣らずよく手を挙げた。「はい!」と手を挙げ、どもらないように神経を使いつつ、意気揚々と答え、そして間違え、ベトナム人に「違います！」と言われ、ちょっとムカッとしながら意気消沈するというのがいつもの流れだった。

モトコは、手を挙げる方ではないけれどよく勉強していた。彼女はいつも予習復習に余念がないのだ。

一度社会人になってから学生に戻った人間は断然真剣に勉強するとはよく聞くけれど、その典型なのかもしれなかった。さらに、東南アジア北上中、特に何か仕事をしたりということがなかったモトコにとって、こうして明確にやることがある日々は久々に充実感のある新鮮なものだったのだ。

モトコは、学校以外の時間には中国人に家庭教師もお願いしていた。ジャーナリズムを専攻する大学生に週一回家まで来てもらい、学校の授業での疑問点をその子に聞いて相乗的に学習効果を高めていった。

家庭教師の授業料は一時間一七〇円ほど。とはいえその額も昆明では侮《あなど》れない。ちゃんとした先生を頼むと二五〇円から三〇〇円もしてしまうからと、ぼくらは学生にお願いしていたぐらいなのだ。

一方ぼくは、手を挙げはするものの勉強はあまりしていなかった。

自分は旅には出ていたけれど、まだ社会に出たとはとてもいえない状況だったから、まずは授業に出るよりもライターとして社会に出なければならない、などと思っていた。それを言い訳にぼくは、中国語の勉強以上に原稿執筆や読書に時間を割くべく、だんだんと、最小限の復習しかしなくなっていった。家庭教師のレッスンには可能な限り参加したが、参加しても基本的にはモトコの質問内容を横で聞いているだけだった。

そんなだから、モトコとの差は毎日少しずつ広がっていく。ある日の授業中、隣に座っているモトコにそっと聞いた。

「『東西』ってどういう意味？　なんで突然方角の話になったの？」

するとモトコは呆《あき》れてつぶやいた。

「『東西（dongxi、ドンシー）』は『もの』の意味。めっちゃ基本的な単語やで」

そんな感じでモトコはぼくの知らぬ間に語彙《ごい》を増やし、一、二カ月もすると、すっかり遠い存在となってしまっていた。

発音も、中国人の友人に「モトコのは中国人みたいにきれい、でもユウキは日本人だね」と言われることも増えていく。そう言われるとやはり少し悔しくて、その直後ぐらいは奮起してがんばった。

ただ会話をする上では、文法的に間違っていてもある程度基礎ができていれば通じてしまう。ぼくはそれで満足して話せるような気になってしまうのがまずかった。でも中国語を話すときは、うまく話せなくても当然という意識があったからか、吃音もあまり気にならず気楽に話せるのがうれしかった。また、中国人の開けっぴろげさが、下手だろうがなんだろうが、なんでも言いたいことを言いやすい雰囲気を作ってくれていたようにも思う。

さらにぼくはもう一つのことに気づいていた。

英語は中国語よりもずっと自由に話せるはずなのに、中国語と比べるとなぜか話すときに余計な緊張感をともなってしまうことがある。それはもしかすると、自分が西洋人に対して無意識になんらかのコンプレックスや劣等感を抱いていたということなのかもしれない、と。特にそんなつもりはなかったものの、オーストラリアにいたころも、どこかぼくは西洋人に気後れしていたのかもしれない……。中国語を学び、同じアジア人の言語を外国語として話してみることで、ぼくはそんな自分の内面にも気づかされていた。

二、三カ月もすると町の人ともどんどん簡単な会話ができるようになっていった。以前世話になった不動産屋を通りかかり、にいちゃんに「おお、どうだい、元気にしてるか？」と声をかけられると、その言葉が聞き取れることにうれしくなり、

「うん、毎日勉強してるよ、部屋も快適だよ！」

と答える。すると、にいちゃんが笑顔で言う。

「おお、中国語うまくなったな！　また寄ってくれよ！」

週に何度か通っていた家の前の食堂でも、だんだんと自分の好みの注文ができるようになる。この辺の食堂の多くは、ガラス越しに肉・野菜などの食材が並んでいて、そこを見て、自分で「これとこれを炒めてくれ」とか「焼いてくれ」と頼むスタイルが主流だったが、この店の子が、こう言っているのがいつしか理解できるようになっていた。

「野菜は複数一緒に炒めるよりも、一種類だけで炒めるのがおいしいのよ」

そう言われてみると、確かに店で出てくる葉物の野菜などは一種類のみの炒め物が多かった。そしてぼくらもそのアドバイスに従うようになり、それからはどこでも、

「炒空心菜！（チャオ・コンシンツァイ！）」

と空心菜のみの炒め物を注文するのが定番となっていった。

言葉が身につけばつくほど、自分自身が町の中に溶け込んでいっていることに確信を持てた。言葉はまさに世界への扉を開くための鍵だった。生活は日に日に自由になり、次々に壁が取り払われていくのをぼくは感じていた。

10

結婚後初めての二人の暮らし

学校の南側を走る大通り一二一大街（イーアールイー・ダージエ）を横切ってさらに南に向かう小道を入ると、若者や学生が多い一角となる。文化巷（ウェンフアシャン）という名のその通りは、服屋、安い食堂、ＤＶＤ屋が狭い通りに立ち並び、いつも賑《にぎ》やかな界隈《かいわい》だ。そのあたりに、よく行くカフェがいくつかあった。昆明には落ち着けるいいカフェがあるのだ。

授業が終わるとぼくはよく、そのカフェのどれかに立ち寄った。そこでぼくは、友だちと会うか、原稿を書くか、場合によっては授業の復習をした。

モトコは二胡《にこ》を習い出したので、ぼくがカフェにいる間にレッスンに行く。そしてモトコのレッスンが終わると、友だちと合流して一緒に出かけるか、または、二人で市場や路上の店やスーパーで買い物をして、家に戻るという場合が多かった。

夕方家に帰ると、マンションの前にはときどき、リヤカーを引いて新鮮な牛乳を売りに来るおばちゃんがいた。いままさに農場からやってきましたという雰囲気の、勤勉そうなおばちゃんで、この人がいると、ぼくらも家からペットボトルを持っていって列に並んだ。牛乳をすくう鍋のような器具も、ペットボトルの口に差し込む銀色の大きな漏斗《ろうと》も、決してきれいそうではなかったけれど、じょぼーっと入っていく白い液体は、いつも新鮮な匂いに満ちていた。

夕食は、外で食べるときも多かったものの、週に半分ぐらいは家で作った。初めは、バンバリー時代と同様に、モトコの指示で二人で分担して作っていた。

「お米洗っといて。この野菜、切ってや。味付けは、どうしようか……あ、じゃあ、私がやるし、いいよ」

指示を受けて作業的なことだけを黙々とこなすぼくの歩兵ライフはこれからも続くように見えた。しかしだんだんとモトコが、こんなことを言うようになる。

「キッチンに二人でいるとなんか狭いし、一人の方がかえって楽かもなあ」

戦力外通告をされたかのようでビクッとする。おれは邪魔ってことかな……と思ったが、どうも、ぼくが昔に比べて味付けなどで若干の自己主張を始めたのがうるさくなってきたらしいのだ。

だからといって何もやらなくていいわけでは当然ない。つまりは、もうそろそろ独り立ちせよ、ということなのだ。

「これから一人でも作ってみたら？　できるやろ？」

そう言われると、え……大丈夫かな、味付けよくわからないしな……とぼくは若干躊《ちゅう》躇《ちょ》した。すると「なんや、味付けは自分でしないとうまくならないとか怒ってたくせに」とモトコが言う。その通りだった。

結局ぼくは、全部を一人でやるのは、大変で面倒そうなので避けたかっただけなのだ。何よりも献立を考えるのがしんどそうだった。でもどこかでやらないと進歩しない。バンバリー時代からの基礎トレーニング期は、そろそろ卒業を迎えてもいい時期だった。

「まあ、できないこともないと思うけど……よし、やってみるよ」

そうしていよいよ、下準備から味付けまですべてを自分でやるという日々が始まった。

独立第一作には一番簡単そうな三色ご飯を作ってみた。昆明は標高が高いためご飯の炊き具合が不十分になるのが痛かったが、それでも一応それなりのものができた。作ってみると、要はインゲン、卵、ミンチ肉をそれぞれざっと炒めるだけで、やたらと簡単なことに気づかされる。

「どうかな」と聞くと、辛口批評のモトコも、「まあ、おいしいやん」。

「まじで？　大丈夫？」

と言いながら、なんだそんなに難しいことはないじゃないか、おれ結構できるんじゃないかと、調子に乗った。そして張り切り出して、少しずつ守備範囲を広げていった。みるみるうちにレパートリーは、三、四種類に激増し、ぼくもしっかりとシフト入りするようになった。いつしかぼくの得意料理はコロッケとなり、人が遊びに来るとたびたび揚げた。

日中はよくDVDで映画を見た。ありとあらゆる映画やドラマのDVDが一枚六元（約八〇円）で売っている。もちろんそれらはすべて海賊版で、著作権も何もあったものではない状態だ。

「これを楽しんで見てますって、あまりおおっぴらには言えないよなあ」

最初はそう思いつつも、あの環境にいれば、そんな感覚は一瞬で消えうせる。コピーのDVDを売る店が、まるで日本のコンビニのように至るところで普通に店を構えているのだ。中国では著作物はコピーされて当たり前、ニセモノが出回って当たり前の世界なのだ。

ぼくらもしっかりその空気に染まり、早々にＤＶＤプレーヤー（新品で約三〇〇元、四〇〇〇円ほどした）を買って、暇があれば映画を見た。

買ってみたら画質がひどかったということはよくあるし、字幕は機械翻訳そのままの奇妙な言葉遣いの代物《しろもの》ばかりで役立たない。表紙の日本語なども、めちゃくちゃで面白いかららむしろ買いたくなるということもあった。たとえば、邦画『バトル・ロワイアル』の裏表紙には、なぜかトム・ハンクスと「ランゼル・ワッントン」（＝デンゼル・ワシントン）主演と書いてある。また、『ブラジルから来た少年』の裏の説明文の一部はこんな具合になっているのだ。

「ナチス復興とクロ一ソ人間の恐怖を描いた戦栗の杰作サスペソス！」

（ナチス復興とクローン人間の恐怖を描いた戦慄の傑作サスペンス！）

誰か日本語をわかる人がちょっとチェックするだけで随分ましになることは明らかなのに、そんな手間のかかることはしないのである。

だが、そういうことにもだんだんと慣れてしまう。そんな些細《ささい》なことはもうどうでもいいのだ。細かいことさえ気にしなければ映画はなんでもあったのだから。『フルメタルジャケット』『Swordfish』『Elephant』『エージェント』『Closer』『時計じかけのオレンジ』『紳士は金髪がお好き』『War Photographer』『下妻物語』『スパルタカス』『トラック野郎』『御《ご》法度《はっと》』『珈琲《コーヒー》時光《じこう》』……。邦画、ハリウッド、古典、ドキュメンタリー。

　ぼくたちは毎日のように革のソファに座って、フレンチプレスで入れた雲南コーヒーを飲みながら、いろいろな映画を見た。映画好きのモトコにとっては、それはこれまでには考えられないような毎日だった。

「いい生活やなあ。こんな優雅に過ごしててもいいんかな……」

　モトコは、この旅での二度目の定住生活にすっかり満足していた。

　昆明での日々は、ぼくにとってもモトコにとっても、結婚して以来初めての、本当に二人で生活していると思える毎日だった。自分たちだけの家がある生活というのは、宿で他の旅行者と一緒に過ごしていたバンバリーのときに比べると、随分と異なるものだった。二人で過ごす時間が多くあり、また、それぞれ自分で過ごす時間も少なくない。周りの人との距離感も、おそらく日本で暮らしている場合に近かった気がする。

　学校があり、友だちがいる。ぼくにはわずかばかりの仕事と、仕事を得るためのなかなか実らないけど時間のかかる活動があり、モトコには日々の勉強に加え、二胡のレッスンもあった。そして何よりも、このころやっと、ぼくたちは夫婦であるということに慣れてきていた。旅に出て、いつもまったく新しい人間関係の中で過ごしていた自分たちには、夫婦であるということが当然のことになるまでしばらくの時間が必要だったのだ。昆明に来て初めて、これがいわゆる普通の結婚生活なのかもしれないな、とぼくは感じるようになっていた。

モトコが昆明の生活に惹《ひ》かれたのは、ただひたすら旅だけしているという日々に疲れてきていたからでもあった。移動して次々にいろんな場所に行くだけでは、もはや物足りなくなっていたのだ。充実感を得られなくなっていた。

彼女がそう感じるようになったのは、ぼくがしょぼしょぼとながらも自分のやりたいことを追求しながら旅をしていたからでもあったことを、ぼくはあとから気づかされた。のちにモトコは、ぼくにこんなことを言った。

「東南アジアで、取材に一緒に行っていろんな人に会って、いろんな話を聞くのは楽しかったんやけど、でも、本当のことを言えば、それを横で見ているたびに、ああ、自分は充実してないなあって思ってしまった。なんだか自分だけ取り残されているような気にもなった。二人ともただのんびり旅だけして楽しんでいたら、もしかしたらそんなふうには思わなかったかもしれないのかな……。そんな気持ちが出てきたからか、何にも縛られずただ自由にのんびりしているだけっていう生活も、徐々に飽きてきてしまったんやな。むしろ縛られたいっていうか、自分も何かやって充実感を得たいっていう気持ちが強くなってた」

普段あまりそういう自分の内面をさらけ出したがらないモトコが、このときは、溜まっていたものを吐き出すようにそう言った。そして、だから昆明で学校に通う日々はとっても楽しかったんやで、と静かに笑った。

それを聞いて、ぼくははっとした。そういうモトコの気持ちには気づいていなかったからだ。モトコはモトコで、のんびり旅する日々を心から楽しんでいるものとばかり思っていたが、必ずしもそうではなかったのだ。思えばぼくはいつも自分のことでいっぱいいっぱいだったし、きっとそんな気持ちのずれが、いくつものケンカの原因になっていたにちがいなかった。

モトコがそのように感じるようになったのには、もう一つの要因もあった。それは、モトコがいつでも、「旅して物を書くライターについていく妻」という役割を与えられてしまうことだった。

モトコは、旅が好きで旅をしていた。ぼくについてきたという感覚はまったくない。あくまでも対等な関係で旅をしていた。それにもかかわらず、日本人に会うたびにこのように言われてしまうことに、モトコは嫌気がさしていた。

「奥さんも、ダンナさんの旅に一緒についていくなんてすごいですよね、大変じゃないですか」

モトコは、あまり他人からの言葉は気にしないタイプではあったけれど、それでもやはり、いつも付属品のように見られることが少しずつストレスになっていった。

年配の日本人にそう言われるのは、世代も考え方も違うから、ある程度は仕方がないだろう。だが旅に出てみて、自分たちと同年代の人でもそのように考える人がとても多いことにモトコは驚いていた。

もっとも性格的に、ぼくは吃音うんぬんとかいいながらも、何気に人とよくべらべら話してしまうのに対して、モトコはそうでもなく、ぼくが話すのを聞いている場合が多いためにそう誤解されやすいのかもな、というのはお互い感じていた。

しかし、これが逆だったらどうだったろう。モトコがライターとして物を書き、ぼくが普通に旅をするという関係だったら、果たして他の人はどう見ただろうか。それを想像してみるとき、日本という国の一側面が見えるような気がした。

ただ、そんなぼくとの微妙な関係性を抜きにしても、モトコには定住の日々が必要だったようだ。

「私は、ただ長い間動き回るっていう生活を心底楽しめるタイプではないみたいやなあ。やっぱりこうやって生活するのって楽しいなあ」

モトコはよくそう言った。それはぼくも同じ気持ちだった。

同じ場所に長く滞在するからこそ見えるものがある。バンバリーでもそう思ったし、昆明で暮らし出してもやはりそう感じていた。もちろん、たった一年やそこら住んでわかることなどたかが知れているだろう。でも、通り過ぎるだけとは違う世界が見え始めていることは確かだった。

III

「反日」の空気と愛すべき人々

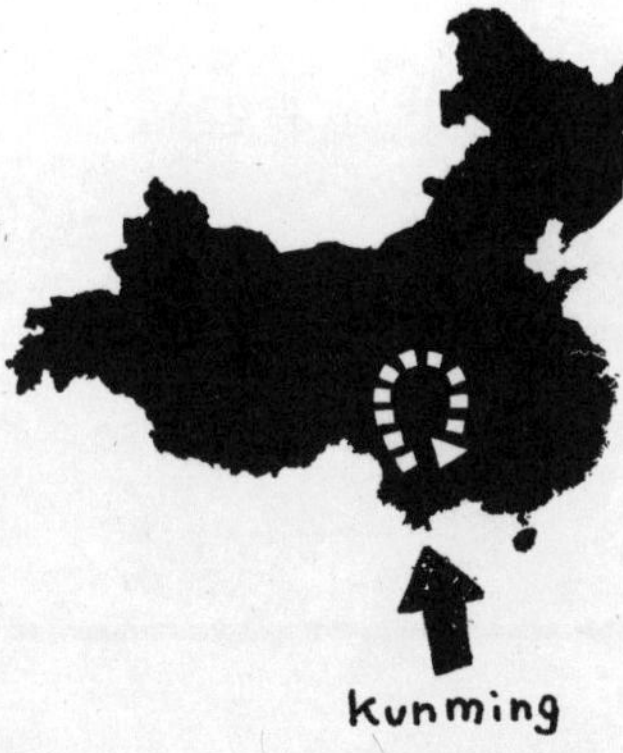

11 現地で感じた「反日」の空気

三月も終わろうとしていたある日、夜、家で、日本対イランのサッカーの試合を観戦していた。日本が敗れて、「あああ……」とがっかりしていたあとのこと、ぼくは突然体調が悪くなり、「こいつはやべえ」とトイレに駆け込むと、凄まじい下痢に襲われた。

昆明に来て以来、デフォルトが下痢というぐらい日々腹を下していた。麺にしろ炒め物にしろ、辛さがハンパなかったためだろうと思っていたが、衛生的な問題もあったかもしれない。たとえば驚かされたのはこんなニュースだ——家庭から廃棄された油をなんらかの方法で集め、それを食堂に売っていた業者がいた、というのだ。また、家の前の餃子屋《ぎょうざ》では、店員の若い女の子が餃子を作りながら途中で手鼻をかみ、それを壁になすりつけて手も洗わずにまた餃子の皮に具を詰めていたこともあった……。いろいろと気にしていたら何も食べられなくなるので、とりあえずうまいからいいだろうと、食う。ただ慣れるまではやはりたびたび腹を壊す。東南アジアではそれほど下痢はしなかったのに、中国の衛生面の油断ぶりは別格なようだった。

しかしこの日見舞われた下痢は、これまでのものとは一線を画す横綱級のやつだった。象の小便のような猛烈な水下痢で、肛門のゆるさがハンパじゃないのだ。まったく出ている感じがないのに、ホースを全開にしたようなすごい勢いで、ジャーッ！　と茶色の水が出るのであった。その上吐き気ももよおして、その夜、吐いた。体調の悪さは特Aクラスだった。

「だめだ、もう寝る……」とぼくは、うんうん唸《うな》りながら寝入ったのだが、その夜ぼくは、まったく自分でも信じがたい経験をすることになった。

夜中、まだ太陽が出る前、妙なウェット感と悪臭によってぼくは目を覚ました。すると

モトコが隣で叫んでいた。

「うわー！　なんやこれ！」

え……、なんだ?……と思って起き上がると、ベッドにかけられたシーツの上に、茶色い水下痢が大きな水溜りを作っていた。一瞬信じられなかったが、ぼくは「寝ゲリ」をしてしまったのだ。あまりのゆるさにまったく気づかないまま、ぼくは漏らしていた。

うわ、ありえへん! と顔をゆがめ不快感を露《あらわ》にするモトコに、ぼくも、

「え、なんだこれ、どういうこと……?」

と、どういうことか一目瞭然な状況を前に、自分の醜態を認められずにいた。自分の尻から漏れ出たことは疑いようがないのに、状況が飲み込めないままだったのだ。どうなってしまったんだ、おれは……?

下着は捨て、風呂場でシーツと身体を洗った。しばらく感じたことのない激烈なショックをぼくは受けた。

昆明の早朝四時。もう二十代も終わりが見えてきているものの、仕事も収入もまるで安定していない。その上、妻の隣で寝ゲリして、未明にシーツを洗う自分——。

おれは大丈夫なんだろうか。こんな間抜けな状態でシリアスに行く末を悩んだことは、後にも先にもこのときだけだった。

それからしばらくの間、このネタは一生隠し続けなければならないとぼくは真剣に思っ

ていた。少なくとも、昆明の友だちには決して言ってはならない極秘事項にすべきだと。

それほどショックな出来事だったのだ。

だからある日、仲のいい日本人二人と、四人でいつものように学校のそばの道を歩いていたとき、モトコが突然、

「こないだ、寝てるときにいきなりゲリしはってん。信じられへんやろ?」

と、軽い口調で言い出したのには驚きあわてた。

「マジ!? ありえねー」と笑う友人二人に、ぼくは照れ笑いをしながらも、モトコには本気で頭にきた。

「おい、なんでそんなこと言うんだよ!」

と、般若顔でモトコに訴えると、ぼくの怒りを察知したモトコは、「え、あかんかった? ごめんごめん、でも、ええやん……」と、若干気まずそうな顔でこっちを見た。ただ、知られてしまったらもうあとは笑いに変えるしかない。そう思って軽いノリで振る舞おうとしたが、顔が紅潮し、明らかに引きつっていることを自分で感じて、非常にばつの悪い思いをした。モトコに怒りながらも、おれは小さい男だなあ、と自覚せざるをえなかった。

しかしこれはあとでわかったことだが、じつはこのときの友人二人がともに、昆明で寝

ゲリをしていたことが判明した。三十歳前後の四人のうち三人が寝ゲリ。まったくどうなってんだ昆明は、と思いつつも、それを聞いてぼくは非常にほっとしたのであった。

寝ゲリ事件を少しずつ受け入れられるようになった四月初めのある日。カフェなどで賑《にぎ》わう文林街（ウェンリンジエ）を歩いていたときのことである。東風西路（ドンフォンシールー）という大通りとの角に来ると、見慣れない人だかりができているのに気がついた。なんだろうと覗いてみると、いつもはない露店が出てTシャツが売られていた。

近づいて見てみると、Tシャツには、白地に大きく、

「抗日〇〇！」「反対日本〇〇！」

などと、日本を非難する強い調子のコピーがプリントされていた。隣にはその韓国語版までが並んでいる。

「すげえ、これ、『反日Tシャツ』だよ……」

気になって、売り子に声をかけて値段を聞くと、

「二〇元（約二六〇円）だよ」

ぼくが日本人であることはおそらくわかったはずだが、彼はにこやかにそう答えた。商魂たくましい中国人の便乗商売なのか、それとも本気で日本を嫌ってのことなのかはわか

らない。ただそれは、昆明でも「反日」ムードが高まっていることを明らかに示す光景だった。

二〇〇五年四月、中国には「反日」の嵐が吹き荒れていた。成都、北京、上海で、大規模なデモや暴動が起こっている、すごいことになっているらしい——。ネットのニュースや、日本の知人の連絡によってそのことを知った。

盛り上がりのきっかけは、国連安全保障理事会で日本の常任理事国入りが取りざたされるようになったことで、それを機に中国で反対の署名運動が始まったのだという。中国のメディアでは、知る限りほとんどそんなニュースは流れないのに、ネットを通じて瞬《また》く間にその空気は中国全土に広がっていった。昆明ももちろん、例外ではなかった。

近所にある雲南大学に行ってみると、構内の並木道には日本を非難する赤い大きな横断幕がかかっている。ときどき通る細い路地の赤レンガの壁には「FUCK JAPAN!」と、スプレーで落書きがなされ、近くのバス停の案内板には、こんなビラが貼られていた。

反対日本〝争常〟！（日本の常任理事国入り反対！）

強烈抗議日本文部省通過歪曲歴史教科書！

抗議小泉参拝靖国神社！

抵制日貨！（日本製品ボイコット！）

中華民族・団結起来　共同抗日！

街の中にスパイスのようにちりばめられたそんな刺激的な言葉を目にするたびに、若干の緊張感が走った。

「これまたすごいな……」

とはいえ毎日の生活には何も変化はなかったし、親しい中国人の知人やよく行く食堂の店員もいつも通りだったので、何かを心配したわけではない。日本のメディアの報道ぶりを知り、日本の知人から「中国行きを取りやめたよ」などという連絡が入ると、「え、全然なんでもないのに……そんなおおげさな」と、過剰に見える日本の反応に驚かされた。

しかし、昆明の中国人の友人と少し突っ込んで「反日」事情の話をすると、日本に対する嫌悪感を抱いている人は本当に多いらしいことを感じさせられるのもまた事実だった。

友人に、そんな深刻な話ではないよね、とぼくが言うと、

「いや、街なかで日本語は話さない方がいい、危険だ」

と真剣な表情で忠告される。別の中国人は、ぼくらに会うにあたって「なんで日本人な

んかと会うんだ」と友人に言われたんだ、と申し訳なさそうに教えてくれた。また別の親しい子はこう言った。

「はっきり言って、日本を好きだという人より嫌いな人の方が周りには多いよ」

その上、カフェで日本語を話していたためにケンカを売られ、複数の中国人に殴られた日本人の話も聞いた。

そんな出来事を日々聞いているうちに、いつしか自然に、バスの中などではあまり日本語を話さないようになっていった。

中国の「反日」感情に対して、ぼくは日本にいるときから基本的に中国人の立場に近い考え方だった。

戦争中に日本が中国に行ってきたことに対して、日本人である自分はやはりしっかりと事実を認め、知っていかなければならないと思っていた。また、知らないでは済まされないということは、日本で複数の中国人と付き合うなかで強く感じるようになっていた。傷を残している人に対して、傷を与えてしまった側が「知らない」というのは、決して許されることではない、まずぼくらは事実を知らなければならない、そして率直に非を認めなければならないのだ、と。

しかし中国に来てしばらくすると、「反日」感情というのはどうも、そうした日本人側の問題だけではないような気がしてきた。これまで戦争のことについては中国側の言い分の方が断然正しいと思ってきたのだが、じつはそれほど単純ではないのかもしれないと日々感じざるをえなくなったのだ。

特にこの「反日」ムードのときの中国のテレビからぼくは強くそのことを感じた。たとえば北京や上海で起きた「反日」デモについて、特にそのときに起きた日本料理店や日系の店舗への投石や襲撃については、ぼくが知る限りテレビはまったく伝えていなかったにもかかわらず、それに反発するようにして日本で起こった中国人への嫌がらせだけをあたかもそれが突然発生したかのように伝えていた。

問題は、中国ではそういうときに、チャンネルを回して他の局を見ても基本的には違った意見や異なる報道を見ることが難しいことだ。中国ではニュースは完全に政府の指導・監視のもとで作られ、政府の意図に沿った情報しか流されないからだ。

ただしその状況は、インターネットの発達によって、その後数年の間に大きく変化していっている。もはや政府がすべてを隠蔽《いんぺい》しコントロールし続けることは不可能になりつつあり、人民がただ黙って政府の言うことを鵜呑《うの》みにするという時代はもはや終わった感もある。

しかし、ぼくたちが昆明にいた二〇〇五年当時は、ネットはまだ普及し始めたという段階で、社会を大きく動かすほどの力を持ってはいなかったように思う（もちろん、ネットを通じて「反日」の空気が中国全土に広がったように情報の拡散にはすでに大きな役割を果たしてはいたが）。昆明にいたころ、中国のネット人口が一億人を超えたという報道を目にしたが、ぼくはネットカフェに行くたびに、一億人といっても、まだとても中国においてインターネットが社会を動かす原動力になるとは思えなかった。というのは、巨大なネットカフェに何百台というパソコンが並び、若者で溢《あふ》れていても、そのほぼ全員がオンラインゲームに興じているのみだからだ。

いずれにしても、このころはまだそんな時代だったのだ。

それでも当時から、一部の雑誌や新聞には、政府に真っ向から反対しようとする意見も載ってはいたらしい（そういうメディアの一つとして『南方周末（ナンファンジョウモー）』の名はよく聞いた）。しかしそれはジャーナリストの文字通り命がけの、ギリギリの仕事で、厳しい処分を覚悟の上でなければできないことだった。報道の自由があるわけでは決してなく、中国政府はいざとなればそんな情報をなんとでも処理できるという印象だった。

ちなみに、ぼくはこの「反日」騒動のとき、昆明の状況について日本の『週刊金曜日』という雑誌に短いコラムを書いたことがあった。その中で、中国人に殴られたという日本人についても一言だけ書いた。するとその雑誌が発売されてからしばらくしたあと、その殴られた日本人からぼくに、怒った口調で電話があった。「公安から、『あなたのことが日本の雑誌に載っていたけど、どういうことを話したのか』と聞かれたのだけど、どんな内容を書いたんだ？」と。本当に一言だっただけに、自分のそんな小さなコラムまでもしっかりチェックされているらしいことにぼくは驚いてしまった。それだけ中国の情報管理は入念に行われているのだ。

そのような状況が中国、そして中国人に長年の間に与えてきた影響は決して小さくないだろうことをぼくは昆明で感じ始めていた。

中国語の家庭教師をお願いしていたのはジャーナリズム専攻の中国人学生だったが、ぼくは彼女と一度、中国と日本のメディア事情について、英語を交えながら話をしたことがあった。ぼくは、中国ではメディアが政府の視点からしか情報を伝えられないのに対して、日本ではいろいろなメディアが各々自由な意見を言える、その違いは大きいと思うと話した。すると彼女はこう言った。

「中国では確かに報道の規制があります。でも、テレビではさまざまなニュースを扱っていて、いろんな視点が提供されています」

彼女はこの言葉を、国営のＣＣＴＶ（中国中央電視台）の中でもいろいろなニュースがちゃんと流されているではないか、という意味で言っていた。

それを聞いてぼくは、異なることを言うメディアが複数並列的に存在する状況と、一つの局がさまざまな話題について情報を流し、複数の視点を提供しているように見えるのとではまったく異なるということを彼女は理解していないのではないか、と感じた。

また、別の複数の若い中国人に、中国ではいわゆる「反日教育」が行われているかどうかという話をしたことがあったが、何人かがこう言った。

「『反日教育』というのはまったくない。ただ事実を教えられているだけだ」

ぼく自身、中国の教育を必ずしも「反日教育」と呼ぶべきとは思っていない。ただ、天安門事件後の一九九〇年代に、江沢民《こうたくみん》政権のもとで「愛国主義教育」が採用されたのは事実だ。それが直接「反日的」ではなかったとしても、少なからずその方向に行くのは避けられなかったはずだ。

そんな背景を考えたとき、「事実を教えられているだけ」という言葉はひっかかった。教わっている「事実」は必ず、無数の「事実」の中から選ばれたものである、ということをどこまで意識しているのだろうか、と思った。

日本のように一応は報道の自由があり、何でも好きなことを主張することができる状況であっても、情報の操作は簡単になされうる。実際に、日本は日本で、企業の論理などによって情報が操作されていることはいうまでもない。また自分で取材した「事実」をもとに何か記事を書くときでも、多かれ少なかれ、知りえた「事実」のうちから必ずいくつかを自分で選んで記事にすることになり、そのときの選択に自分の主張が含まれていないことなど皆無であることも自覚するようになった。

だから、中国のメディアにおいてその選択が政府によってなされているのであれば、そこに中国政府の意図が含まれていないことなどありえない。そのことを、ぼくが話した中国人たちの多くは十分に理解していないようだった。

そう考えたとき、彼らの日本に対する理解や知識も、少なからぬ誤解や操作とともにあるのではないかと思わざるをえなかったのだ。

ぼくは中国の「反日」感情について、どうしても少し考えなければならないという気がしてきていた。日本が過去にしてきたことに対して自分がどう考えるべきかについては、ほとんど変化はない。ただ、いま中国で起こっている「反日」の嵐というものを、すべて日本の過去の問題だけのせいにすることはできないだろう、そう思うようになったのだ。

12

授業中に先生と大議論！

これは「反日」ムードが静まり出したあとのことになるが、ぼくは一度、学校の授業中に先生と大議論になったことがある。

それはリスニングの授業でのこと。担当の李老師（リ・ラオシー）という女性の先生は、若くはきはき話す元気のいい人物だった。彼女はその日、なぜだったか授業の途中で、ベトナム人の学生に向けてこう言った。

「あなたたちベトナム人は、最近授業に出なかったり、真面目に勉強してない子が多いでしょ。だから学校では、ベトナム人に対する評価が下がってるの。みんな同じ国の人間同士なんとか助け合ってがんばりなさいよ」

その場にいたベトナム人は、そうなのか、という顔で静かに聞き、ぼくもモトコも、確かにベトナム人はあまり授業出てないな、と思ったりしていた。

しかしその直後に、先生は突然ぼくたちの方を向き、こう言ったのだ。

「日本人にも問題があるのよ」

え、なんのことだろうと、不思議に思い、先生の顔を見ていると、彼女ははっきりとこう口にした。

「それは歴史に対する認識の問題よ」

唐突な話にぼくはびっくりしてしまった。なんでいきなりそんな話になるんだ、と思ったものの、彼女は強い調子で続けた。

「私は日本政府の態度には納得がいかない。それに、あなたたち日本人の学生は歴史を知らない上に、こうした議論も避けようとする。そういう態度が私は納得できないのよ」

彼女が言っていること自体には、ぼくも基本的に異論はなかった。ただ、なぜいま授業時間の中でぼくたちが突然そんなことを言われないといけないのかがわからなかった。ぼくは思わず、「ちょっと待ってくださいよ」と、自分の意見を話し始めた。

「ぼくは、日本が中国を侵略し、やってきたことについてはひどかったと思っています。日本人がもっとちゃんと事実を知るべきだというのもそうだと思います」

拙《つたな》いながらも中国語でぼくはそのようなことを言った。すると先生は、でも謝罪がないじゃないか、と言ったのだ。それを聞いてぼくは、きっと彼女は日本政府が一度ならず公式に「謝罪」していることを知らないのだろうと思った。

「中国人のみなさんは、日本が過去に謝ったことなどは知らないのではないですか?」

もちろん、その「謝罪」が十分なものだったかどうかという議論があるとはしても、それ以前の問題として、彼女は、日本政府が戦争の責任をこれまで一切認めてこなかったと思っているかのような口ぶりなのだ。

どうなってんだ、こんな議論になるなんて……。そう思いつつも、ぼくは徐々に気持ちが高ぶってきた。すごい理不尽な展開であるような気がしてきたのだ。

話が小泉首相の靖国参拝問題や歴史教科書問題までおよんでいくと、もはや中国語ではらちがあかないので、ぼくはすぐさま英語に切り替えた。すると先生もときに英語を交えながら話し出した。ところどころ、ぼくが先生の言っていることがわからなかったように、ぼくの言っていることもまた、先生に完全に通じていたかはわからない。

クラス中が静まり返り、周囲を置き去りにしながらも、ぼくと先生の激しいやりとりは続いていった。きっとお互い、中国代表と日本代表で議論しているような気分になっていたのだ。

そのうちぼくは、これまでよく中国人に対して思っていたことを先生にぶつけてみた。それは中国人が、日本の戦争責任を非難しつつも、自らが他国に対してやってきたことについては何も知らないのではないか、ということだ。決して「あなたたちもやってるじゃないか」と言いたいわけではないのだが、彼らが持っている情報の不均衡さにいつも違和感を覚えていたのだ。このとき、クラスはベトナム人ばかりだったので、ぼくは先生にこう尋ねた。

「では先生は、中国がベトナムを侵略したことは知っているんですか?」

ぼくは、そのときもちろん、一九七九年の中越戦争のことを念頭に置いていた。中越戦争とは、ベトナムによるカンボジア侵攻や、中国と旧ソ連との対立を背景に、中国がベトナムに攻め込んだ戦争で、それは中国による侵略にほかならないと認識していた。実際にそういえる戦争のはずだった。日本についてこうして唐突に非難してくるこの先生が、中国による侵略戦争のことをどのように考えているのかいないのか、聞いてみたかったのだ。すると彼女は、鋭い眼差しを保ったまま、こう言った。

「あれは、正義の戦争だったのよ」

ぼくは啞然《あぜん》とした。アジアへ攻め込んだことを正義だとした日本を、彼女たちは憎んできたのではなかったか。自国が同じことをするのは正当化されてしまうのだろうか。彼女はきっと、自国の加害の歴史については一切知らないのではないかと思えてならなかった。だから、先生のその言葉について、ぼくは興奮してその場で他のベトナム人たちにどう思うかを聞いた。

「中国がベトナムに攻め込んでいったのは正義だっていうのは認められるの？　そう言われてどう思うの？」

そのときベトナム人がなんと答えたのか、ぼくははっきりとは覚えていない。しかし、もっとも勉強熱心だった二十六歳の医者のベトナム人が、特に立場を明確にすることなく、もう議論はやめてくれ、というような顔をして、どちらかといえば先生の言葉を受け入れるような反応をしたことを、「え、なんで？」ととても意外に思ったことを記憶している。

そうして結局、授業一回分がまるまるぼくと先生との議論で終わってしまった。ぼくは他の学生に対して申し訳ない気持ちもあったけれど、ほとんどのベトナム人が、特に興味もなさそうに、自習をしていたりカップル同士でいちゃつき始めたりしていたのが腑に落ちなかった。彼らにもなんとか言ってほしかった。なんとか言ってくれるだろうと期待していたのだ。

「反日」の空気が中国を覆った中でのこうしたいろいろな経験は、ぼくに少なくないショックを与えた。というのもそれまで、どこか中国を全面的に肯定したい気持ちがあったからだ。ぼくは学生時代から日本を出る直前まで、複数の中国人たちとともに中国と日本をテーマとする映像制作の活動をしてきたが、そういう気持ちを持っていたのはそれだけ自分がそこで出会った中国人たちに親近感を覚えていたということなのだと思う。だが、これまで抱き続けてきた中国に対する幻想のようなものを少なからず考え直さなければと思い始めていた。

ただそれは、誰もが、他国に住むことによって感じることなのだろう。おそらく日本に住む中国人も、多かれ少なかれみなそのような現実にぶつかっているはずなのだ。それが、他国が単なる旅先から生活の場へと変わることにほかならない。

だからそれは、決してただマイナスなことばかりではない。こう感じられるようになってからがやっと、本当の意味での中国との付き合いの始まりなんだとも感じていた。

ぼくはますます中国のことを知りたいと思うようになった。そして、自分が根本のところで中国に興味があることを実感した。相手に興味があるからこそ、さらに先に入って理解したい、もっと知りたい、と思えているはずだからだ。

自分には、具体的に顔を思い浮かべられる中国人が複数いる。大切に思える中国人が何人もいる。この国はぼくにとってただ漠然とした記号的存在ではなく、自分とリアルに関係を持った有機体なのだ。

そう思えるかどうかで、その国と、単純な好悪を超えて付き合えるかどうかが決まるように思った。これから自分の、中国への意識がどう変わっていくのかはわからない。でも、少なくともぼくはこのころ、中国という世界に一歩入り込めたような気持ちになっていた。

「反日」の空気がもっとも盛り上がっていた四月の半ば、ニュースでは、中国国内の二二以上の都市でデモが計画されていると伝えていたが、昆明は、そこに挙げられた都市の中には入っていなかった。

雲南大学（ぼくらが通っていた雲南師範大学とは別の大学）でもデモの申請があったという話は聞いた。しかし大学側が、参加した学生、教員には厳しい処置を下すと警告したためになくなったのだという。それについて、情報元であった昆明商工クラブ（昆明に住む日本人の団体）の事務局の方に問い合わせると、興味深い話が返ってきた。

――現在中国各地に商工会という組織があるが、ほとんどが日本企業からの出向で中国で仕事をしている日本人が会員である。ところが昆明商工クラブの場合は、そうではない。まずなんらかのきっかけで昆明に来て、昆明が好きになり住みついた人、中国人と結婚して昆明に住みつき、仕事を始めたような人が会員の半分ほどを占めている。そのために、各個人が親戚や友人といったいろんな形で中国人と関係を持っている。

昆明でもデモの情報が流れ、一時緊張した状況になったものの、そういうつながりがあったため、昆明の各公安局（＝警察）の対応はかなり速かった。北京でデモがあった次の日には、昆明の派出所単位で各日本人の家を訪問し、現在の状況や日中関係について説明をし、注意を促した。自分のところに来た公安局の担当者は、緊急事態に備え携帯の番号まで知らせてくれた。

事務局の人は、そう教えてくれたのだ。

昆明は田舎町とはいっても、そこは中国だ。人口は数百万にも及ぶ。日本でいえば大都市である。が、この町に住む日本人は上海や北京などとは比べものにならないぐらい少ない。ぼくらのようにおそらく存在が把握されてない人間ばかりのため正確な数はきっと誰にもわからないが、数百人ぐらいだろうと聞いていた。たったそのぐらいしかいないのに、昆明ではその一人ひとりが現地の中国人と強く結びついているようなのだ。いや、少ないからこそ、日本人は具体的に顔の見える存在だったのかもしれない。

一般論として日本人を好きではなくとも、「でも、あいつはいいやつだ」と思える人がそばにいる。それがきっともっとも大事なことなのだろうと思った。

日を追うごとに中国に対しての気持ちが複雑になるとともに、ぼくにもまた、この町の中で、具体的に顔の思い出せる人、そして風景や匂いを思い出せる場所が確実に増えていった。

昆明の「反日」ムードは一カ月もすると収束し、壁の大きな落書きもペンキが上塗りされて消えていた。しかしこのときに芽生えた中国へのいろんな思いはいつまでも自分の中で漂い続けた。

13

二胡弾きの告白

中国人の友だちは、主に語学の交換（＝「互相学習」、フーシャンシュエシー）をするというきっかけから広がっていくことが多かった。すなわち、日本語や英語を勉強したい中国人を見つけて、ときに中国語で話し、ときに英語か日本語で話してお互いに勉強するのだ。

ぼくたちは学校が始まったころからそういう相手を探していて、チラシを作ってカフェなどの掲示板に貼っていた。すると思っていた以上に頻繁に連絡が来る。「会いましょう」と。

一度会ったきりという人もいるし、会う前にドタキャンされるというケースもあった。会う約束の当日になって「今日は雨が降ってるのでやめましょう」と、激しくやる気のない連絡が来てそれっきりとなったこともある。また、「日本語習いたいやつなんているか！　むかつくぜ、まったく！　おれたちを汚すな！」などといったメールも来た。

その一方、とても熱心な人も少なくなかった。

一度は熱烈なジャニーズファンからの連絡もあった。携帯に来たメールでは、「日本語を習いたい」と書かれていただけだったものの、会ってみると、日本語を習うというより、「ジャニーズに入りたい」という熱い思いを持った少年だった。顔立ちはシャープでクールな感じのイケメンで、髪は全体的には短いものの前髪だけやたらと長い、いわゆるサイコカット風だった。最初は無口だったのだが、だんだんと核心に迫り、そして饒舌《じょうぜつ》になった。

「ところで、滝沢秀明には会ったことがあるか？　ぼくはw-inds.《ウィンズ》が好きだ。山下智久はどう思う？　渋谷、原宿に行きたい、ジャニーズ事務所に行きたいんだ」

これらの名前を中国語で発音されてもほとんどわからなかったが、漢字で書いてもらうと、だいたい聞き覚えはあった。「ああ、知ってるよ」と言うと、「え、滝沢秀明を知ってるのか？」と興奮されたりしたものだった。彼とはその後数回会ったのみだったが、結局日本語を教えることはほとんどなく、ただ毎回、彼がいかにジャニーズが好きかについて聞きながら、一緒にご飯を食べた。

相手の多くは大学生だったが、よく会うようになった一人に小飛（シャオフェイ）という男子学生がいた。いつも会うとき、「ニイハオ、ニイハオ、ニイハオ！」と繰り返しながら、梅干しを口に入れてるかのようなすっぱそうな笑顔を見せてやってくる彼は、まだ二十歳を過ぎたか過ぎないかぐらいで顔に幼さを残している。「彼女いるの？」なんて聞くと、「いや、えへ、そんなのいないよ、へへ」と照れてしまうような初心《うぶ》でオクテな雰囲気の男だった。その一方、英語をうまくなりたいという意欲に満ち満ちていて、とても積極的に連絡をくれる。

積極的という以上に、なんというか、彼はとても押しが強かった。「会いましょう」となって会い、しばらく話して、「再見！（ザイジエン、さようなら！）」と別れたすぐ次の日ぐらいに、「今日は時間ありますか」と連絡が来る。え、今日はちょっと疲れてるしな、と思い、「今日は用事があるので」と言うと、「じゃあ、明日はどう？」とたたみかけるように聞いてくる。いや、明日もちょっとまだアレかな……などと日本人的婉曲《えんきょく》表現を使うと、「何があるんですか、アレって何ですか、ではいつならいいですか」

とにかく、あいまいにはしておけないようなのだ。

ただ、この押しの強さ、そして率直さは、少なからぬ部分が中国人に広く共通するもののように思えた。中国人は一般に、同じアジア人といえども日本人とは正反対なぐらい物事をはっきりと主張するし、気持ちがいいほど言いたいことを言う。これぞ、文化も言葉も異なる人たちが一緒に暮らす大陸の気質なのだろう、と彼と会うたびに感じた。

小飛は、ぼくたちが通っていた雲南師範大学の学生だったので、よく食堂で待ち合わせて一緒に昼食を食べながら話した（ちなみに食堂は、おかず五種〈肉系二種類、野菜系三種類〉に大盛ご飯のセットで五〇円ほど。味も十分おいしい）。

中国人学生は一般に、日本人的には驚くほど一生懸命勉強をしているように見えたが、小飛もやはりとても勉強熱心な男だった。英語についてわからないことがあればすぐに「教えてくれ」と聞きに来て、納得するまで繰り返し質問してきた。

一方、ぼくらが中国語の質問をしても、とても熱心に教えてくれた。そしてよく率直に言われた。

「スゥーズ（「素子」＝モトコの中国語読み）の発音はいいね。ションシェン（「雄生」＝ユウキの中国語読み）のは、うーん、なんか違うな。もっと口先を、こう、丸めないと……。ああ、やっぱりダメだなあ」

彼は中国語を教えるのが上手かったために、モトコは彼に個人的に家庭教師を頼むようにもなった。

一方ぼくは、彼が家庭教師に来ても、あまり一緒に勉強することはなく、たまに、小飛の押しの強さに逃げ出したくなることもあった。それでも、彼がとても素直で親切な男であることは間違いなく、ぼくは、まるで弟のような感覚で親しみを覚えるようにもなっていった。

彼は、何かお願いごとがあって連絡すると、いつもとても迅速に対応してくれる。たとえば、「こういうものがほしいんだけど、どこで手に入るか知ってる?」と聞くと、「うん、○○で買えると思う。ぼくがあとで行って買ってくるよ」と言ってくれたり、「今度、中国の子どもについての記事を書くことになったので誰かいい人知らないかな」と言うと、すぐに「ぼくのいとこに頼めば大丈夫だよ、明日一緒にその子の家に行こう」とさっと連絡を取って一緒についてきてくれたりするのだ。こちらが恐縮してしまうほど、嫌な顔一つ見せずにすぐに動いてくれることにいつも驚かされた。

彼のみならず、一般に中国の人は、自分の主張が強いだけでなく、このように積極的に人のために動いてくれる。日本人は、相手に要求しないかわりに、要求もされたくないと考える場合が多いが、中国人はそれがまったく逆なのだ。

だからだろう、中国人は人に何かしてもらっても「謝謝」とはあまり言わない。と同時に、人に「謝謝」と言われるのも好まない。友人にご飯をご馳走になったりしたときに、ぼくが何度も「謝謝！」と言っていたら、「あんまり言うのは、よくないよ」と嫌がられたことがある。人に何かするのもされるのも、ある程度までは当然のことだと考えるからだ。何かしてもらったときは、言葉でお礼を言うよりも、その次の行動で返すという文化なのだろう。

大勢で食事をしても、基本的にワリカンはしない。誰か一人が全部払う。大勢で大テーブルを囲んで食事をしたあとに、白酒（バイチュウ）などで酩酊《めいてい》した男たちが、「おれが払う」「いや、今回はおれだ！」「いやいや、ここは私が……」と取っ組み合いでも始めんばかりに会計の紙を取り合う姿は、中国の夜、あまねく見られる風景だ。しかしそうした末に、会計請負人が決まり、その人が支払いを済ませても、誰もその人にお礼などは言わない。みな、何事もなかったかのように、「ああ、食った食った」と次の行動に移っているのだ。お返しは、次回来るときに今度は自分が払うことでするのである（そのため、前回払った人は、会計争いのとき少し声が小さかったり、力が弱かったりするのかもしれない。そのへん一応形だけでも「払います！」と演技するのは、中国も日本も同じなのだろう）。

さらに昆明に住み出して気づいたのは、学生など若い人が、バスの中で本当にすぐに席を譲ることだ。年配の人が乗ってくるや否や、いまどきな雰囲気の若者が、さっと数人席を立つ、という光景はいつものことだった。きっと身近にいる人同士が互いに助け合うのは当然のことだという気持ちがあるのだろう。

中国では、人と人との距離感がとても近い。話すときの物理的な距離も近いし、気持ち的にもすぐに相手の懐《ふところ》に入っていく。それが肌に合わない日本人は少なくないかもしれないけれど、ぼくは中国に住むほどに、その距離感の近さ、そして細かいことを考えずに思ったことをそのまま言える率直なコミュニケーションに居心地のよさを感じるようになっていった。気を張らなくてよくて、本当に楽なのだ。

感覚も少しずつ中国的になっていく。安いと感動していた食事も、慣れるとそれほど安くは思えなくなるし、一〇〇円をケチッてタクシーに乗らず二十分歩くのも普通になった。初めビビッていたドアなしトイレも、いつしか「なぜ小便にドアはないのに大便にはドアがいるんだろう」とまで思えるようになり、モトコも、「ドアがない方がむしろどこにも手を触れる必要がないからかえって清潔かもしれへん」などと不思議なことを言うようになった。

そうしてこの国に身を溶け込ませながら、いろんな人と出会っていった。小飛ら中国人以外にも、カフェに行けばいつも、よく知る日本人や西洋人の友だちがいた。定住しているからこその人間関係があり、交流があった。毎日同じ道を歩くからこそ得られる発見があり、喜びがあった。言葉を学び、文化を肌に染み込ませるからこその温かな出会いがあった。

そんな昆明でのいくつもの印象的な出会いの中に、ある一人のおじいさんがいた。昆明という地名とともに鮮やかに思い出せるその人物は、いつも路上で見かける、とても穏やかな顔の老人だった。

*

カフェや服屋が立ち並び、学生や外国人が多く行き来する文化巷（ウェンフアシャン）という小道は、ぼくらがもっともよく通る道の一つだった。

その道を歩いているといつも同じ道端から、二胡《にこ》の音が聞こえてくる。抑揚のある音色がだんだん大きくなるとともに、優しい笑顔をたたえて二胡を奏でる彼の姿が見えてくる。白くて豊かな頭髪はふんわりと頭に撫でつけられ、やはり白くて長いあごひげが喉の前に暖簾《のれん》のようにおりている。そして着古した白いシャツに黒のズボンをはいて、赤い壁沿いに胡坐《あぐら》をかく彼の前には小さな赤い箱が置いてある。

その姿をたびたび見かけるうちに、ぼくはいつしか声をかけるようになった。「ニイハオ！」と言うと、ふと顔を上げて、彼はいつも満面の笑みで応《こた》えてくれた。

名を、陳健軒（チェン・ジエンシュエン）といった。

陳さんは午前九時ごろから日が暮れるまで、毎日のようにその通りの端に座って二胡を弾く。今日も彼が元気にそこで二胡を弾いているというのが、昆明のいつもの風景となっていた。

外国人も中国人も多くの人が、陳さんの前に置かれた赤い箱にそっと小銭を入れていく。すると陳さんはにこやかに謝意を示し、また二胡を弾き続ける。そうして彼は毎日、昆明の学生が一日にアルバイトで稼ぐのと同じくらい、三〇元（約四〇〇円）ほどを稼いでいた。

話しかけると、彼は迷惑そうな顔は一切せずににこやかに応対してくれる。

「このあたりの人たちは優しいんですよ。多くの人が私に同情してくれて、お金を入れてくれるのです」

そう言って、ときに声を上げながらうれしそうに笑った。

ある日、ぼくらがよく通っていたカフェ「サルバドール」で、オーナーの一人である日本人の尚子さんと話していると、ふとしたことから陳さんの話になった。

サルバドールは、陳さんが座る場所から遠くない場所にあり、中国語も流暢《りゅうちょう》な尚子さんは陳さんとよくやりとりをする仲だった。その彼女が、こう言った。

「陳さん、なんだかつらい過去があるらしいんだよね……」

その言葉は、穏やかでにこやかな陳さんの表情からはまったく想像のつかないことだった。どんな過去なのか詳しくは尚子さんも知らないようだったし、そんなこと本人に聞いていいものかどうかわからなかったけれど、ぼくは直接聞いてみたいと思うようになった。陳さんには思い切って聞けそうな話しやすい雰囲気があった。

ぼくは彼が二胡を弾く赤い壁の場所に行き、まだたどたどしい中国語を使って、彼に自分の気持ちを伝えた。話を聞かせてもらえないかと。すると彼は、いつものにこやかな顔で、「もちろんいいですよ」と言ってくれた。

また別のある日、ぼくは陳さんを誘って、路上で彼が座る場所の近くにある「東北水餃」という餃子屋《ぎょうざ》さんに入った。小さな建物の中の奥の机で餃子を頼むと、彼は、謝謝、謝謝、と言って顔をほころばせ、湯気の立つ餃子をおいしそうに食べながら、自らの過去について話してくれた。彼が本気で話し出すと、言っていることは半分ぐらいしかわからなかった。わからないことは聞き直し、ノートに漢字で書いてもらう。習字の見本のようなバランスの取れた彼のきれいな字を見て、話を確認しながら、ゆっくりと陳さんの言葉を聞いていった。

陳さんは、もともとは昆明の人ではなく、ずっと東の湖南省の農民だった。その地で、農作物を作りながら、息子と奥さんとともにのどかで平凡な毎日を送っていた。

おそらく毎日は同じように過ぎ、特に変わったこともない日々だったはずだ。

その平穏な日々が、ある一つの出来事によって一気に崩れてしまったんです、と陳さんは苦い過去を思い出すように言った。

「ある日、私は連絡を受け、息子がケンカをして誤って相手を殺してしまった、ということを知りました。そのことに私はびっくりしましたが、家に帰ってみると、その息子が姿を消してしまったというのです」

息子が人を殺してしまったことは、もちろん陳さんと奥さんにとって衝撃的な出来事だったにちがいない。しかし何よりもつらかったのは彼がいなくなってしまったことだった。とにかく直接会って本人と話をしたかった。だがその後、息子は二度と帰ってくることはなかった。

陳さん夫妻の悲しみは深く、時間がたっても決して回復することはなかった。そして陳さんをさらに深い悲しみの淵に陥《おとしい》れたのが、妻の死だった。彼女は、息子がいなくなったあと、悲しみのあまり精神を病み、その四年後に亡くなってしまったのだ。

そうして陳さんは独り残されることになった。しかし失うものもなくなった彼は、決意する。そうだ、息子を探す旅に出よう、と。どこかできっと息子は生きていてくれるはずだと陳さんは信じていた。

陳さんは、父親から譲り受けた二胡を持って、長年暮らした湖南省を離れた。そして、広州、深圳《しんせん》、貴陽といった都市をさまよい続けた。路上で二胡を弾いてわずかな収入を得ながら、それらの都市を歩き回って、息子を探して回ったのだ。中国各地を歩き続けた。けれど、この広い中国で、まったくあてもなく一人の人間を見つけることが容易であるはずがない。陳さんは粘り強く探し続けたが、息子は、決して彼の前に姿を現してはくれなかった。

時間ばかりがたっていく。何度も季節は移り変わる。冬が来て、また冬が来た。そしてまた次の冬が来た。

そうして何年も旅を続けて最後にたどり着いたのが、昆明だった。「昆明には湖南省の人間が多いらしい」という噂があった。それを聞きつけて望みを託してやってきたのだ。

だが、ここにもやはり、息子はいなかった。

「それから随分と時間がたちました。昆明に来て、もう六年以上になるんです」

さらに陳さんは言った。故郷・湖南省を旅立ってからはすでに十三年もの月日がたってしまっているんですよ、と。

「もう息子のことはほとんどあきらめています。あまりにも悲しい出来事でしたが、時間が私の心の痛みを少しずつ和らげてくれました。でも、新年を迎えるときはどうしてもつらいんです。中国では新年にみな家で家族と過ごします。そのため、通りに人がいなくなって、どの家にも温かな明かりが見えるんです……。その様子を見るたびに、私はやはりこうして独りになってしまった自分の身の上が寂しくてたまらなくなるのです」

陳さんは、寂しげな様子を隠すことなく、けれども穏やかに微笑みながら、ぼくにそう話してくれた。

そんな陳さんの過去を知らなくとも、通りを行く多くの人が彼の姿に心を留め、そっと小銭を置いていく。毎日二胡を弾き続ける彼の真剣で優しい姿とその音色に、誰もが何かを感じるからにちがいない。陳さんの笑顔には、そしてその二胡の音には、確かに人を惹《ひ》きつける不思議な魅力があった。それはきっと、一人息子を思い、探して、十年以上歩き回ってきた並々ならぬ悲しみと苦労が、誰をも包み込むような温かな表情と音色になって、人々に語りかけていたからのような気がする。

真っ白い頭髪とひげのために、疑いもなく陳さんのことをおじいさんと思っていたが、

その顔をよく見るとしわは少なく、肌も若々しく見えた。もしかすると、想像以上に若いのかもしれない。そうも思ったが、ぼくは彼の年齢も聞けないまま、ただ彼の話す言葉と、ぼくの小さなノートにしっかりと書き付けてくれる美しい文字を追っていた。

「私は昆明が好きです。人は親切だし、気候もいい。だから私は、息子が見つかりでもしない限り、いつまでもこのまま昆明で暮らすつもりです」

陳さんは、とても粗末なところながら昆明の駅のそばに部屋を借りて暮らしている。朝はそこから二時間かけてゆっくり歩いて、いつもの学生街までやってくる。夜は、暗いためにバスに乗って、自分の部屋まで帰っていく。

「夜、部屋に戻ってその日の収入を数えるひとときがうれしいんですよ」

そう言って陳さんはまた大きく笑った。そして、その笑顔を見ながら思わず口に出たぼくの問いに、彼は迷うことなくこう答えた。

「いま私は、幸せですよ」と。

ぼくは改めて思う。陳さんが感じていたその幸せは、きっと彼の笑顔と二胡の音色を通して、昆明の少なからぬ人に伝播《でんぱ》していたにちがいない、と。

14 許可証なしでチベットへ

昆明に着いてから早くも半年がたった。「春城」もやはり夏になり、期末試験の季節がやってきた。

期末試験なんて何年ぶりだろう。懐かしかったものの、結果の良し悪しが関係ないとなると、試験というのはなかなか気合が入らない。成績優秀者には賞金（二〇〇元、二六〇〇円ほど。昆明ではなかなかの大金）が出るという中国らしい仕掛けもあったようだけれど、勝負はまったく自分の手の届かないところにあったし、モチベーションを上げるのに役立ちはしなかった。それでも、しっかりと準備をするモトコにつられて「ああ、おれもやらないと……」と、それなりに勉強した。すると、大してできはしなかったものの、三科目の試験を終えたときは、久々に「やった、試験終わった！」という充実感と解放感に浸ることができたのだった。

そして試験が終わると、いよいよ夏休みに入る。

ずっと休みのような生活をしながら夏休みも何もないけれど、せっかく授業がないこの期間は、久しぶりに昆明を出て移動の旅に費やすことにした。半年も定住していたら、ぼくもモトコも、「どっかに行きたい！」という気持ちを強く取り戻すようになっていたのだ。

チベットに行こう——。少し前からそう決めていた。中国滞在中に必ず一度は訪れたいと思っていたその地は、雲南省のすぐ北西に隣接している。この夏休みは、まさにチベットに行くためにあるようなものだった。

「なんでチベットなんかに？」

そう言ったのは、前にベトナム人に厳しく当たっていた中国語の先生、于老師だ。彼女に、「夏休みはどうするの？」と聞かれ、「チベットに行こうと思ってます」と言うと、う言うのだ。

「あら、いいわね！」とでも言ってくれるのかと思ったら、露骨に不満そうな顔をしてそ

「なんでみんな、チベットに行きたがるの？　汚いし、貧しいところなのに。中国には他に見るべきところがもっといっぱいあるじゃない」

中国人からは、そのような言葉が聞こえてくることが少なくなかった。欧米諸国や日本で、チベットがまるで桃源郷のようなイメージで語られるのとは完全に逆だった。それが政府のチベット政策と関係あるのかはわからないが、チベットが中国にとってとてもセンシティブな問題であり続けていることは、昆明にいても、そうした形で感じることができた。

一九四九年に現在の中国が建国されたのちに、中国によって侵攻されその統治下に置かれたチベットは、中国国内でいまも政府がもっとも神経を尖《とが》らせる地域だといえる。外国人が行く場合には許可証が必要で、陸路での行き来も制限されていた。

とはいっても、行けない場所ではまったくなく、昆明からもチベットに行くための方法はいくつかあった。北隣の四川省の成都に行って飛行機でラサ（チベットの中心都市）まで飛ぶか（この場合、航空券と一緒に許可証が取れる）、または四川省のさらに北西の青海省の

ゴルムドまで行って、そこからラサ行きの「闇バス」(許可証は取れないものの、これに乗ればラサまで行けてしまえる)に乗る、などがメジャーな方法だった(二〇〇六年七月にはゴルムドーラサ間に鉄道も開通した)。

昆明からもじつはラサ行きの直行バスがあると聞いていたが、外国人は乗車できない。日本人の場合、偽の身分証明書を作って中国人を装って潜り込むのは不可能ではないかもしれないが、さすがにそこまでする人は多くはない。

ただ、バスが出ているのであればラサまでの道はある。可能ならば、四川省や青海省まで行かずに、その道を行く方が断然動きに無駄がない。だから、昆明からまず雲南省とチベット自治区の境界あたりまで行って、そこからヒッチハイクでトラックの荷台などに隠れながらラサまで行く、という方法をとる日本人もいた。もちろんこの場合は、許可証なしで行くことになる。

ちなみに、許可証なしでチベットに入ることは違法行為にはちがいない。ただ、チベットに関しては、政治的な側面がとても強く、それをどう判断するかは人によって異なった。ぼくは基本的にはチベットの立場に同調していた。中国は理不尽にチベットを弾圧していると感じていたし、許可証の制度や陸路での移動を制限するというのも、単にチベタン(チベット人)が外国人と自由につながるのを阻止したい中国政府の不当な措置だと思っていた。だから、旅をするのにそれを必ずしも遵守すべきかといえば、そうは思ってはいなかった。とにかく自分が行ける方法でチベットに行って、そこがどんな場所なのかを自ら肌で感じてみたかった。

チベットといえば、一般にはラサを中心としたチベット自治区をさすが（許可証が必要となるのもこの自治区内）、実際にはその周辺の雲南省、四川省、青海省などにもチベット文化圏は広がっている。自治区というのは、中国がチベットを自らの国の一部に組み込むにあたって政治的に決めた境界線でしかなく、実際のチベタンやチベット文化の広がりとは関係がない。チベットに詳しい友人からは、自治区外のチベット文化圏の方がむしろチベットらしさが残っているとも聞いていた。自治区内では、チベット文化が中国政府によって厳しく管理されているからだ。

ぼくらは今回、自治区内までは行かず、雲南省や四川省のチベット文化圏を回ろうと計画していた。昆明からまず雲南省の北西部のチベット文化圏へ行き、それから四川省へ行こうと。だが、そのルートの途中、雲南省から四川省に抜けるに当たって、一度ちょっとだけ自治区内へと境界を越えないといけないことになっていた。しかもどうやら通る場所は、一般の外国人には開放されていない地区だという。行くためには許可証の他に「外国人旅行証」というものまで必要となるらしい。もちろんぼくらは、そのいずれをも持ってはいなかった。

雲南省からチベット自治区の内部へ差しかかるまさにその場所に着いたのは、昆明を出てから五日がたってからのことだった。

それは塩井（イエンジン）という小さな村。

「うわあ、ここ、めっちゃいいなあ……」

モトコはバスを降りるなりそう言ってため息をついた。

晴天の下に広がった塩井は、隠れるところなどまったくないほど、何もなく、美しい広がりを持った空間だった。青い空と緑の山と、赤茶色の壁とわずかな建物。人の姿もまばらで、それと同じくらいの数のヤクやヒツジがゆっくりと歩いていた。時が止まったかのような場所だった。

村を歩きながら「ああ、ここにしばらく泊まりたいなあ……」とモトコは何度もつぶやいた。ぼくもこの空間の広さには完全に圧倒された。すぐ奥に見える緑の山々と目の前のまばらな建物との対比が、実際以上に広大な場所に見せていたのかもしれない。こんなところで何も考えずにゆっくりできたら、なんていいだろう……。

しかしそうはいっても、ここで油を売るわけにはいかなかった。ぼくらは先を急ぐことを決めていた。というのも、じつは塩井はすでにチベット自治区内なのだ。ここまでは外国人が来ても大丈夫らしいとは聞いていたものの、自治区内だと思うとなんとなく落ち着かず、先に進んでしまいたい気分だったのだ。

問題はそこから先だった。

塩井を通って四川省へと通じる道は、マルカム（芒康）というさらにチベット自治区内部に入った町を通る。マルカムまで来るといよいよ外国人はまずいらしいのだ。

塩井からマルカムへのバスには外国人は乗せてもらえないとも聞いていて、その場合はヒッチハイクで行くしかなくなる。途中で警察に見つかったらどうなるのか。「まあ、追い返されるだけだろう」ぐらいに考えていたが、それもまったく未知だった。

とりあえずバスのチケット売り場らしきところへ行き、土壁の小屋のような建物内で、バスについて聞いて回る。

——今日の席はもうないよ、明日まで待ちな。外国人が乗れるかって？　知らないな。

——いや、外国人だってマルカムに行くのは大丈夫なんじゃないか。

いろいろなことを言われるうちに、外国人がどう扱われるかなど誰も正しい状況は知らないのだろうということがわかっていく。こういう場合は、とにかく直接バスに聞きに行って、乗せてくれればＯＫ、乗せてくれなければダメ、という判断しかできない。

再び日差しの強い青空の下に出て、「ああ、乗れるかな……」と展開をいろいろと想像しながら待っていると、フロントガラスに大きな赤い漢字で「芒康」と書かれ、砂埃にまみれた白地のバスが、ボボボボボッと音を立てて現れた。すでに人が目一杯乗り込んでいて、エンジン音が高鳴っている。間もなく発車という状態のそのバスに駆け寄って、運転手に「乗っていい？」と大声で聞くと、彼もまた大きな声でこう言った。

「乗れ、乗れ！　外国人？　大丈夫さ！」

壊れかけた小さなプラスチックの腰掛けを渡されて、満員のバスの通路に置いて、座った。座席は確かにいっぱいだった。それでも運転手としては金を払ってくれればまだまだ乗せるぞ、といった様子だった。案の定、途中で人を見かければ、止めてさらに乗せる。満員の車内でみな押し黙る。

道は最悪で、景色は最高だった。高い山と深い谷を両側に見ながら、緑色の山の斜面に刻み込まれた細く頼りない道を、ガタガタと激しく振動しながらひたすら走っていく。狭いところでは対向車とすれ違うこともできそうにない。ちょっと油断すると谷底にまっさかさまだ。その道を、砂煙を上げながら疾駆《しっく》する。谷底には濁流が勢いよく流れている。

その川こそが、東南アジアで見たメコン川だった。中国語では瀾滄江（ランツァンジャン）

というらしい。

「この川をずっとたどっていけばゴールデントライアングル（タイ・ビルマ・ラオスの三国が国境を接するあたり）につながっているんだな……」

水の流れを見ながら、その壮大な水流の旅に思いを馳せた。いまチベットを流れている水が、ラオスへ、タイへ、ビルマへと向かうのだ。あの地まで流れるのにどのくらいの時間がかかるのだろう。ぼくは、東南アジアで見たメコン川の様子を思い出した。ラオスとタイの国境をなす部分で、中国人の男たちが荷物を積んでいたのもこの同じ川なのだ。自分たちもまた一続きの広大な大陸を移動しているんだと感じる瞬間だった。

まだ自治区に入ったばかりなのに、すでにチベットの奥深くにいるような気分になった。昆明を出て塩井に至るまでに、シャングリラ、徳欽（ダーチン）という二つのチベット文化圏の町に滞在したが、そこはすでに漢族の世界とは大きく異なった。人々の衣装が、ピンク、青、黄と、明らかに色彩豊かになったのだ。とりわけ、鮮やかなピンクの布をねじって作ったらしい帽子のような、ターバンのようなものを頭にかぶった女性たちの姿が目に焼きついていた。そしていまバスの上で渓谷の風景の色の美しさを見ていると、この風景をそのまま衣装に染み込ませたかのようにも思えてくる。

斜面に沿って視線を上げていくと、すぐに雲が広がっている。空が近かった。本当に自分が、天の近くにいる気がした。ずっと見ていても飽きなかった。

道はメコン川に沿って続き、ぼくらはその上流へと進んでいく。検問も何もない。近くに座っていた男の服の袖に〝POLICE〟という文字があったのに気づいたとき、やばいかな……と思ったけれど、彼もまったく何も言わないまま、あっけなくマルカムへ着くことができた。五時間かかった。

暗くなったマルカムで安宿を探すと、「外国人は泊められない」と何軒かに断られた。「やっぱりまずいのかな……」と不安になったが、そのうちになんとか泊めてくれそうな宿が見つかった。

「あなたたちは三人?」

「はい」と言うと、じゃあ、部屋を見てみて、と三人部屋に案内された。

そう、じつはこのとき、ぼくらは三人だったのだ。

一緒にいたのは、ヤエルという名のスイス人女性で、彼女とは塩井の前に滞在した徳欽で知り合った。彼女もまた同じルートで四川省に行こうとしていた。

ヤエルは、髪が茶色く小柄だったため、遠くからでもいかにも目立って西洋人という外見ではない。それでも、中国語を話すことができず、明らかにアジア人ではない自分が、許可証もなく一人で自治区まで行くのは心細い、私も一緒に行ってもいいか、と聞かれたのだ。

彼女は、自分が行くことでぼくらの迷惑になりはしないかと気にしていた。確かに、そういう可能性がないことはなかったが、ぼくら二人だけでも、荷物と服装から外国人であろうことは簡単にばれるにちがいなかったし、いずれにしても同じ方向に行くのだから、ぼくらとしては別にかまわなかった。塩井からのバスも一緒だったが、結局何も問題なくマルカムまで一緒に来ることができていたのだ。

案内された部屋はほこりまみれでかなり汚かった。洗面所も、水などほとんど出ない。トイレは男女共同のドアなし、便は垂れ流しに近い状態で、あまりの臭いとハードコアなルックスにぼくは一瞬で吐き気をもよおした。宿代は三人で四五元、六〇〇円弱。

初めこの宿を見たとき、ここはなかなかすげえな……、とぼくもモトコも腰が引けたが、ヤエルは童顔の笑顔を崩すことはなかった。

「イッツ、ＯＫ！」

全然いいじゃない、二人はどう？ といった顔をしているのだ。一見、のほほんとした天然キャラの女の子ながら、彼女はかなりタフな旅人なのだった。モトコは、体調があまりよくなかったこともあったのか、

「えええ……、もう少しきれいなところを探さへん？」

と悲愴な面持ちでぼくにつぶやいた。しかし、ぼくは、モトコがいやなのを知りつつも、ヤエルがいた手前、本心に反して、

「おお、いいじゃん、ここで。ここにしようよ」

と言ってしまった。そして同意を求めるようにモトコを見た。するとモトコは、いやだと言うわけにもいかず渋々同意したが、疲れだけを溜め込んだ顔が露骨に不機嫌顔に切り替わった。この宿に決まったこと以上に、ぼくの態度にむかついていたのだ。

「はあ？　何カッコつけてんねん？　そうやってすぐ他の人にいい顔するのがいややわ！」

モトコはそんなことを思っているにちがいなかった。しかも図星だったからたまらない。いずれにしても、そうして険悪になった雰囲気を、ヤエルには「ははは、なんでもないよ！」という顔で隠しつつの、やたらと気疲れする夜になってしまったのだった。

それでも、とりあえず寝床は確保できたし、外で食事をしても、ぼくらのケンカムード以外はなんら問題なさそうだった。これで明日、さっさと四川省に向かうバスに乗ってしまえば、全然大丈夫じゃないか……。ぼくは大きく安堵《あんど》した。

翌日、少しぐらいは大丈夫だろうと町を歩き回った。

町全体に上から赤土をぶちまけたように、どこもかしこも赤茶けてさびれて見えた。白い壁に赤い平らな屋根を載せたチベットらしい二、三階建ての建物が複数並び、その屋根の上にはタルチョと呼ばれるチベットの祈禱旗《きとうき》が万国旗のように連なってはためいている。赤、青、緑、白、黄、橙《だいだい》の旗はいずれも、限りなく色あせていた。

複数の商店が集まったちょっとひと気のある一角に行くと、赤い布を頭に巻いてヘアバンドのようにした、黒っぽい民族衣装の男たちが、何をするでもなくたむろしている。男たちはぼくらのことを見るわけでもなく、みな静かに時の過ぎるのを待っているように見えた。時代劇の中にでも紛れ込んだような気分だった。

市場に行くと、ヤクやブタが原形をとどめたまま切り刻まれ、首がそのまま置いてある。その首は、ぼくたちに、「生きるためには、他者を殺さなければならない」ということを無言で語りかけているようだった。インドネシアのラマレラでイルカ漁に同行したときにも同じようなことを感じたのを思い出した。チベットもまた、生きるということがどういうことなのかを考えずにはいられない世界なのだった。

そんなことを思いながら、いくつかの動物の首を、じっと眺めていたときのことだった。ぼくは突然、後ろから肩を叩かれた。振り返った瞬間に、あっ、と思った。昨夜からの険悪さが健在でモトコが不機嫌そうに一人遠くにいるのは相変わらずだったが、それより何より、ぼくとヤエルの周りを、五人ほどの公安（＝警察）が囲んでいたのだ。チベタンではない漢族の顔をした男たちだった。うわ、やべえ、堂々と歩き回りすぎた！　と思ったときにはもう遅かった。

「君たちは外国人だろう？　ここは、外国人は入ってはいけない地区なんだぞ。なんでここにいるんだ？」

恐れていた展開が現実になってしまったのだ。

ぼくはとっさに知らないふりをした。「え、ここは入ってはいけないんですか？　普通にバスに乗ってきただけなのですが」

いかにも融通が利かなさそうな中年の男が、厳しい顔つきですぐに答えた。

「そうだよ、だめなんだよ。ここは君たち外国人が入ってはいけないところなんだ。ちょっと一緒に来てもらおう」

連行されそうな展開に、これはまずいと思った。連れていかれたらどうなるかわかったもんじゃない。「ちょっと待ってください、昨日塩井から来て、いまから四川省へと出発するところなんです」とぼくはその場を動かずに繰り返した。

「塩井から来たのか？　ではいまからすぐに塩井から徳欽へと同じ道を戻りなさい」

「ええ、そんな……勘弁してくださいよ」とお代官様にすがるこそ泥のような顔をしつつも、とりあえず戻れば大丈夫ということがわかったのでほっとした。しかし、ここから同じ道を戻ることなどありえなかった。時間的にも気持ち的にも、とてもじゃない。戻ってしまったら、チベットの旅はもうここで終わりになると思った。

彼らの様子を見ていると、一人、話がわかりそうな人がいるのに気がついた。恰幅《かっぷく》のいい中年の男性で、メガネの奥の目をじっとこちらに向けて話を聞く様子には、どこか融通が利きそうな雰囲気があった。彼と交渉しようと決め、その人に向かってぼくはとっさに嘘をついた。

「三日後に、成都から飛行機のチケットを取ってあるんです。塩井から雲南省へと戻ったら絶対間に合いません。いまからすぐに出ていくので、四川省へ行かせてください！」

口からでまかせをぽんぽん発した。すると向こうも考え出した。そして、ふとこんなことを言ってくる。

「あんたは日本人だろう？　なんで中国語が話せるんだ？」

これはチャンスだ、と思い、ぼくは一気にまくし立てた。

昆明で中国語を勉強してるんです、雲南師範大学に通っています、雲南省はとてもいいところです……と、つたない中国語をひき続き駆使して話した。すると、だんだんと相手の表情が穏やかになっていくのが見て取れた。

「そうか、昆明に住んでるのか、師範大で勉強してるのか！　中国はどうだ？」

自分の中国語がこれほど役立っているように感じたのは初めてだった。もう一押しだ。

そう思って、中国大好きです！　と畳みかけると、ついに向こうは折れた。

「よし、わかった、じゃあ、すぐに出ていくんだぞ。いますぐに四川省行きのバスに乗るんだぞ」

「わかりました！　すぐ乗ります！」

心の中で大きく喜びながら、相手の気の変わらないうちにさっさとこの場を収めたかった。

「謝謝！　再見！」

そう言って、足早に立ち去った。男たちは笑顔になってぼくらを見送ってくれた。

遠巻きに見ていたモトコもさすがにこの展開に安心したのだろう、久々に目を合わせ、

「よかった、危なかった……」と三人でハイな気持ちになりながら、宿に戻って荷物を取って、バス乗り場に急いだ。四川省の巴塘（バタン）へ向かうバンが運よく見つかり、すぐに乗り込んだ。そうしてなんとか面倒なことにならずに自治区からは脱出することができたのだった。

しかしまだトラブルは続いた。巴塘に着き、宿でトイレに行くと、いきなり血便らしきものが出てきたのだ。それに驚いていると今度は強烈な下痢に襲われた。

巴塘二日目の夜、再びケンカを勃発させながらもなんとか話がまとまり、出稼ぎ労働者風のおっさん二人とぼくとモトコの四人で一つの部屋に泊まるという一夜を明かした翌朝（ヤエルは他の部屋で別の中国人のおじさんらと泊まっていた）、今度は理塘（リタン）という町へと移動した。

巴塘から理塘への道中がまたハードだった。雨でどろどろになった山道で、前にいたトラックがぬかるみにはまり六時間も動けなくなり、六時間程度のはずだった移動が、十五時間近くかかってしまったのだ。

そのように、毎日のように思わぬことが何か起きた。

しかし、そうしたハプニングによる疲れを忘れさせるぐらい、移動中の景色が圧倒的だった。

理塘へ向かう途中、ぬかるみトラック事件を終えて山あいを突っ走っているとき、雲の覆いはときに隙間を見せた。その隙間から太陽の光が、雲を裏から突き破らんばかりに輝き、雲の輪郭をギンギンに浮かび上がらせた。空は澄んだ湖のように静かな青色に満ちていた。

まさに天から光が降り注いでいるという光景だった。チベットは本当の「桃源郷」なのかもしれないと一瞬思った。

少し視線を下げると、緑溢《あふ》れる中に時折、バタバタバタバターッ！　とはためくタルチョが見える。何十と並ぶ小さな旗はどれも色あせて擦り切れそうで、これまでとても長い間、この旗の本来の役割通り、仏教の教えを風に乗せて広めてきたのであろうことを思わせた。ポツポツと点在する人家やヤクの姿が目に映るとき、人間というのは、どこまでも環境に適応できるものなのだなとつくづく感じた。

モトコもぼくも、ずっとその風景を眺めていた。モトコは後にこう言った。

「このときのチベットの風景が、長年の旅の中でも一番きれいやったかもしれないなあ」

何時間も悪路に揺られ、疲労は全身を包み込んでいたものの、その一瞬一瞬が、チベットの辺境らしさと美しさに満ちていた。

15

チベットで見た桃源郷

チベット文化圏に十日もいると、だんだんとチベットの風景にも慣れてくる。長髪でレザーのコートなどを着たワイルドな男たちと、カラフルな民族衣装を着た女性たち。高い雪山と荒涼とした大地。手が届きそうな雲と、その下で風に吹かれる大量のタルチョ。そしてヤクに、ヒツジ……。そんな風景を日々見ているうちにだんだんと、チベットについて自分は何が書けるのだろう、何を書くべきなのだろう、と考えるようになった。

中国に来てから仕事として書いた文章など、本当に数えるほどしかなかったし、チベットでこそ何か取材をしなければという焦りの気持ちがかなりあった。連載していた短編人物ルポの次の対象もそろそろ見つけなければならなかった。

まったく、どこかに出かけるたびに、そうしてネタ探しをしなければならない状況に正直嫌気がさすときもあった。カメラもパソコンも持っていない方が何も考えずに純粋に風景を楽しめるのに、と思うときもあった。しかしその一方で、こうして何か話題を探すことが、旅をぐっと深めてきたことも確かだった。

取材対象を見つけるのは、理塘に滞在している間がもっともいい機会となるはずだった。理塘には、この時期行われる「賽馬（賽馬会）」（サイマ、馬のレース）を見るために一週間ほど滞在することにしていたからだ。

賽馬はこの地域におけるとても大きなイベントで、周辺の町からも多くの人が集まってきていた。ぼくらが理塘に着いたのは賽馬が始まる二日前だったが、そのときにはすでに宿は人で溢れ、値段が高騰するほどだったのだ。街も人で賑《にぎ》わい、その活気は街を歩いていても感じられた。

賽馬の会場となる広大な草原に行くと、緩やかな丘に囲まれた緑の地面には、白いテントが無数に並んでいる。遠方から来た多くのチベタンたちが、祭りが続く一週間の間中、各テントの中で家族で生活し、間近で祭りを楽しむのだ。

草原の上では、民族衣装を着た男女を、多くのカメラマンが取り囲んでいる。衣装はどれもいかにもこの祭りのために用意したという高級そうなものばかりで、絹のような光沢と赤や黄や橙の暖色系の色彩が目立った。まさに大きな祭りが始まろうとしていることが見て取れた。

ときに雨が降り、天気は不安定だったものの、ぼくはモトコとともに毎日のようにその草原へ行って、踊りや馬が走る催し物を見物した。

八月とはいえ、海抜四〇〇〇メートルにもなるこの町はやたらと寒い。雨が降ると真冬のような寒さになった。寒くなるたびに、「タシデレ（チベット語のこんにちは）！」と言って、よくテントの中に入っていき、チベタンの家族とともに休ませてもらった。いきなり入っていっても、どの家族もぼくらを歓待してくれる。バター茶でもてなされ、乾燥したヤクの肉を「さあ、食べなさい」とすすめられる。肉はヤクの身体からそのまま切り取った一部分で、それがテーブルの上にゴロリと置かれ、手でちぎって食べる。それを、一見ミルクティーのような、でも塩味のバター茶で流し込むのだ。バター茶は慣れないと少し飲みにくい。でも、注《つ》がれたらもちろんありがたく飲む。ただ、飲むとまたすぐになみなみと注がれて、ときにエンドレスになってしまう……。

そうして厚い布でできたテントの中は、バター茶のまったりとした乳の香りで満たされ、チベタンの家族によっていつも暖かく保たれていた。

夜は、たまたま出会った裕福そうなチベタンの家族の家に泊めてもらっていた。これまで接することの少なかったチベタンたちが、日に日に身近な存在になっていった。

そんな毎日を送りつつ、何を書くべきか考えていたある日のこと、泊まっていたチベタンの家に戻ると、ヤエルからの置き手紙があった。こう書かれていた。

「昨日、インドまで歩いていったっていうチベタンに会ったよ。よかったら紹介するよ」

読んで、ぼくはすぐにその話が気になり始めた。

チベットからインドへ歩いて国境を越える人がいるというのは知っていた。

遡ればそれは、一九五九年三月、チベットと中国政府との間の緊張がもっとも高まったときに、チベット仏教の指導者ダライ・ラマ十四世が、チベットを脱出してインドへと逃げ延びたことに始まっている。そのとき、ダライ・ラマを追うようにして、一〇万人ともいわれるチベタンがチベットを脱出した。それ以来半世紀にわたって、多くのチベタンが、自由のない中国の暮らしから抜け出てダライ・ラマのいるインドへ行くために、徒歩でヒマラヤを越えて国境線を突破してきたのだ。

ヤエルが言っているのは、そういうチベタンの一人にちがいなかった。彼らは、文字通り命を懸けてヒマラヤを越え、ダライ・ラマのもとに行く。ぜひそのチベタンの話を聞いてみたいと思った。ぼくはヤエルに紹介してもらい、そのチベタンに会いに行った。

その彼から詳しく話が聞けたのは、賽馬のメインイベントとなるレースが行われた日のことだった。もう祭りも終わりが近づいていた。

雨と寒さの中で行われたそのレースが終わったあとの午後、ぬかるみが点在し人が少なくなった果てしない草原を歩いて一つのテントに入っていった。

「やあ」

そう言って、ちょっとはにかみながら迎えてくれたのが彼だった。この前日に、ヤエルと一緒にすでに一度会っていたので、この日はスムーズに会うことができた。

眉毛が濃くて精悍《せいかん》で、いかにもチベタンらしい男だった。青と白のきれいなストライプのシャツの上に、大きくて分厚い深緑色の民族衣装を、片腕だけ通して羽織るように着ている。手の先まですっぽり隠れるほど袖が長いその衣装は、馬に乗る多くのチベタンの男たちが着ていたが、それは彼らをとても力強い存在に見せていた。

「インドに行ったときのことを、さらに詳しく聞かせてもらえませんか」

ぼくがそう言うと、彼はテントの中のソファに座って、英語と中国語を使いながらためらいなく話してくれた。

「ぼくは昔、寺の僧だったんだ。でも、女性と付き合えないことに耐えられなくてやめたんです」

そう言って少し恥ずかしそうに笑った。二十二歳だという彼がそのように言うのは、極めて理解しやすいことだった。しかし、なぜインドに行こうと思ったのか。

「ぼくはどうしても中国人（ここでは漢族の意味）が好きになれないんです。この町の仕事もみな彼らに取られてしまうし、こんなところで生きていくのはいやなんだ」

彼は、ぼくの目をまっすぐ見ながらそう言った。それはチベットにおいてよく聞く話だった。言葉の問題、すでにある貧富の差など、原因はいろいろと考えられる。

ぼくには、その原因のすべてを中国人に求めるべきなのかはわからなかったが、彼自身がそう信じていることは、よく伝わってきた。そしてその思いは、彼に命を懸けてでも危険なヒマラヤ越えを決行させるほどのものだったのだ。

国境を越えるためには、五、六〇〇〇メートルはある山を越えなくてはならない。わずかな食料を持って身を隠しながら、厳しい寒さの中、険しい山道を進んでいく。どこかで公安に見つかれば、捕まり、刑務所に入れられ送り返されておしまいだ。途中で食料をもらったり、服と食料を交換したりしながら、なんとか耐えしのぐしかないのだ。

「二カ月かけてまずネパールに抜けた後、インドへ入国したんだ。ほんとにいつ死ぬかわからない旅だった。寒さ、飢え、山からの落下などで、二〇人のグループのうち一〇人が死んだということもあったと聞いてたよ」

登山家のような装備などない彼らにとって、その行程は危険極まりない。それでも彼らは行くのだった。

「でも、死ぬのは怖くないんだ。一緒に行く仲間は、みんな同じ気持ちだよ」

ダライ・ラマがいるからインドへ行く。ダライ・ラマに会うためなら、自分は命も惜しくないんだ――そう彼は言った。

ぼくは彼の言葉を聞きながら、考えていた。彼にとってダライ・ラマとは、もはや単に宗教的な指導者であるだけではないのだろうと。それ以上に、ダライ・ラマはきっと彼のまだ見ぬ新しい人生の象徴であるにちがいない。彼は、ダライ・ラマのもとに行けばおれの人生は変わるはずだ、インドに行けばすべてがうまくいくはずなんだ、と考えているような気がした。

ふと一つの疑問を思い出した。なぜ彼は、一度インドに行きながら、いままた中国にいるのだろうかということだ。数年前、彼はすでに一度、先のルートでインドへ行っているのだ。

そう尋ねると、彼は言った。家族のこともあって、三年ほどで中国へ帰らざるをえなかったんだ、と。

「中国に帰るときはわざと国境に向かって歩いていけばいいんだ。すると公安に捕まって、トラックで中国側の内部へと運んでいってくれる。もちろん、メチャクチャに殴られて、一カ月間刑務所にブチ込まれたけど……。でもその方が、山越えよりは楽なんだ」

彼はこの祭りが終わったら、もう一度インドを目指すと言った。今度こそ彼はダライ・ラマのもとで、自分自身の「桃源郷」を見つけるつもりなのかもしれなかった。

「次はもう戻ってくるつもりはないよ」

バスから景色を眺めていたとき、ぼくはチベットが桃源郷のようなところに思えた瞬間があった。しかしチベットがいくら美しくとも、生死を賭けて脱出しようという彼のような人間がいるのであれば、ここは桃源郷ではありえないと、彼と話しながら思い直した。

では果たして、インドには桃源郷があるのだろうか。

いや、そんな場所はインドにも存在しないだろう、とぼくは思った。ただ彼は、一度自分でインドを見て三年暮らした上で、また命を懸けてその地を目指しているのだ。彼にとってインドは、実際にそれだけの場所だったのだろう。とすれば、少なくともいまは、インドに、彼にとっての桃源郷が存在するといえるのかもしれない。

彼の話を聞きながら、ぼくはふと、自分のことを考えていた――自分にはそこまで思いを寄せる場所があっただろうかと。いつかそんな場所に出合うのだろうかと。

あるいはぼくは、旅を続け移動を繰り返しながら、無意識に自分にとっての桃源郷を探しているのかもしれない。そんな場所は幻にすぎないと思いつつも、いつかそこにたどりつくかもしれないと……。

彼が無事にインドに着くことができたとしたら、その後インドでどう生きていくのかを知りたかった。

「インドに着いたら、メールします」

そう彼は言った。その言葉を最後に、ぼくらは別れた。

そしてぼくとモトコはその翌日に、理塘をあとにした。

チベットの旅は、その後二週間以上続いた。相変わらずトラブルは絶えず、移動はハードだった。車は決壊した川の中を走り、ある日は安宿のシャワー室にダンボールを敷いて二人で眠った。

忘れられない出会いもいくつもあった。

青空と白い雲が半々に支配する空の下で、巨大な寺院の裏の広大な草原を歩いていると、遠くでは、無数の黒いヤクが草を食《は》んでいた。ぼくとモトコの目の前には、四人の若い女性の僧侶がいた。ちょうど川での洗濯を終えたところらしく、緑のふんわりとした草の上に、赤やピンクや白のくっきりとした色の布をぱーっと大きく広げたまま、お茶を飲みながら休んでいた。まだ十代と見える若さが溢れ、賑やかに盛り上がっているところにぼくたちが現れると、「お茶どうですか？」と、華やかな笑顔とジェスチャーで聞いてきた。みな髪を短く刈り込み、全身を深い赤色の大きなローブでくるみ、草の上で胡坐《あぐら》をかいてのんびりとした時間を楽しんでいるようだった。

「ありがとう」とそのバター茶をありがたくいただきながら、話そうとしたが、彼女たちのチベット語はぼくらにはわからず、ぼくらの中国語は彼女たちには通じなかった。でも、ただ笑い合っているだけで楽しかった。

「写真を撮っていい？」

モトコがカメラを持ち上げて、そうジェスチャーで尋ねると、四人はともに大きな笑い声を立てて喜んだ。すると「ちょっと待って」と言って、身だしなみを整え始めた。靴下をはいて、靴をはいて、さらに、草の間に咲き乱れていた黄色と紫色の小さな花を何輪か摘んで手に持った。そして少し照れた様子ですっと草地に腰掛けて、斜め前方の遠くを見つめた。はい、いま撮って、というふうに少しはにかんだ笑顔が本当に素敵だった。その笑顔を見て、モトコがシャッターを押した。

彼女たちが感じている一日と自分たちが意識する一日とは、どれだけ違ったものなのだろうとぼくは思った。この同じ時代、同じ地球上に、このような時間、空間の中を生きている人たちがいると知るだけで、自分の世界がぐっと広がっていくような気がした。

その草原の町の次に、マルカム（馬爾康、先の「芒康」とは別の町）という比較的大きな町に行くと、今度は、罪人の「市中引き回し」にでくわした。食堂の外に置かれた席で昼食をとっていると、大勢が駆け出てきた。「なんだろう」と眺めていると、警察の車とともにトラックが通りを走ってきた。荷台を見ると、何やら罪状らしきものが書かれた札を首にぶらさげた男たちが、警察官とともに立っていたのだ。それはまるで江戸時代にでも戻ったかのような風景だった。

引き回される男たちの姿が頭を離れない状態で、マルカムから、アバ（阿壩）というさらに北西のチベタンたちの町へ行き、旅はいよいよ終盤へと向かっていった。

アバでは、綿雲が広がる晴天のもと、見渡す限りの草原を歩いた。ただ風がさらさらと草を撫でる音だけを聞きながら、その先の丘で昼飯を食べようとすると、間もなく、何羽もの巨大な鷹のような鳥がゆっくりと旋回しながら近づいてきた。風の音がかすかに変化した。鳥は羽を伸ばしてぼくらのすぐ上空をびゅーっと音を立ててたびたび通り過ぎた。

丘では、その朝、亡くなった小さな子どもの鳥葬があったとのことだった。鳥葬とは、遺体を鳥に食べさせるチベット式の葬式だ。旋回している鳥たちは、人間の肉体を食べたあと、いままた空から、ぼくらが手にしていたパンを狙っていたのだ。いや、パンではなく、もしかすると自分たちが狙われているのかもしれなかった。

ゴンパ(=寺院)に寄って再び同じ道を戻っていくと、行きに芝生で休んでいたチベタンが、帰りも同じ場所に座っていた。かれこれ三、四時間はたっていたので、何をしているのかと聞くと、彼は、目の前の野菜畑を指さしてこう言った。

「自分の野菜を眺めてるんだ」

それからも彼はまだずっとそこに座っていた……。

そのチベタンを見ながら、ぼくは思った。もし本当に桃源郷があるとするならば、あるいはこんな風景なのかもしれないな、と。

彼はインドに着いたのだろうか。果たして彼の桃源郷はあったのだろうか。ぼくはときどき思い出し、ヒマラヤを越える彼の姿を想像した。そしてダライ・ラマのすぐそばで新たな生活を始める彼の姿を。

しかし、それからいつまで待っても、彼からのメールが届くことはなかった。

Photo/Motoko

16

滞在一年。中国での職探し

チベット文化圏の旅を終えて昆明に帰る前、四川省の省都である成都に寄った。その地で友だちに会うことになっていたのだ。

その友だちというのは成都出身の中国人だが、そのころ彼は東京に住んでいた。ぼくは、まだ日本にいたころ、彼と一緒に映像制作をしていて、その当時はかなりの時間を一緒に過ごした仲だった。その後、彼は日本でテレビ番組のディレクターとなり、ぼくは日本を出た。ぼくとモトコが中国に住もうと思ったのは、特に西の方に住もうと思ったのは、彼との出会いが大きかった。

その彼、劉《りゅう》くんが、ちょうどこの時期に四川省に帰ってくるというので、ぼくらは日にちを合わせて彼の実家を訪ねることにしたのだ。

滞在中は彼の実家に泊めてもらい、彼の家族や親戚との豪華な食事会にも一緒に参加させてもらった。親戚がたくさん集まり、賑《にぎ》やかな、とても中国の家庭らしい時間を過ごしながら、劉くんはこう言った。

「今回、中国に戻ってきてカルチャーショックを受けたよ……」

発展が目覚ましい中国で、経済的な豊かさを第一に考えて生きる彼の家族と、日本でディレクターとしての夢を追う彼の間には、予想以上に大きなギャップが生まれつつあったようだ。

その一方で、親孝行な彼は、一人っ子だからということもあるのか、いつも両親のことを心配し気遣っていた。彼は時折、日本から両親に送金もしていた。両親のことを考えると、やはり遠くない将来中国に帰ってこなければ、という気持ちが彼にはあった。

「やっぱり結婚して一緒にこっちに住むっていうのがいいんだろうな、って思うんだよね。そのためにも、相手を見つけないとなあ……」

中国と日本という二つの価値観の間で彼は揺れていた。

その思いは、いま中国に住み、今後もしばらくは日本に落ち着くつもりのないぼくたちにも通じるものがあった。いつか日本に帰ったら、自分たちはちゃんと暮らしていけるのだろうか、とふと思う。親もいつまでも若いわけではないし、もうちょっと親孝行しないとな、と思うときもあった。

それでも、成都から一カ月ぶりに昆明に戻ってみると、「ああ、帰ってきた」という気分になった。まだ半年少々とはいえ、すでに住み慣れた部屋があり、行き慣れた店があり、仲良くなった友だちがいる。昆明に帰ったその日も、すぐにいつものカフェで友だち夫婦に会った。一瞬で生活が元に戻り、いまはここが自分たちの住処《すみか》なんだということを、考えずとも理解できた。

ただ、できればもうちょっとチベットを旅していたかった。美しいチベットの風景をまだまだ見ていたかった。いつかきっともう一度行こう、そう思いつつ、もはや日常となった昆明の日々へと戻っていった。

そして九月。

新学期だ。これまでと変わらぬ授業の日々が再開した。

ただ、チベット以来、ぼくにはちょっとした異変があった。身体の異変だ。断続的に、血便らしきものが出るようになっていたのである。

チベット自治区を抜けた直後、四川省の巴塘《バタン》で透明な液体とともに血が出たのが始まりだったが、それ以来ときどき、何やら赤いものが便に混じって出ていたのだ。

初めは唐辛子だと信じようとしたが、昆明に戻って十日もたったころ、便の半分ぐらいが赤い血の塊《かたまり》となり、こいつはやばいと病院へ行った。その後、内視鏡検査に続き、回虫騒動、そしてポリープ切除の手術――となった顛末《てんまつ》はすでに書いた通りだ。


なんとか無事に血便も止まりポリープも切除され、身体は回復したものの、このときぼくは、中国の病院のあまりのワイルドさにさらにこの国の奥深さを見た気分になった。

同じ病院に入院した経験のある知人からはこんな話も聞いた。部屋に入ってきた掃除のおばちゃんが、点滴を見て、「遅いわね」と言って、勝手にツマミをひねって速度を上げていったというのだ。

そういえば、ぼくらはチベットに行く前、ビザ更新のために身体検査を受けたのだが、そのときの視力検査もすごかった。モトコと二人で検査室に入っていくと、白衣のおばちゃんが一人ぽつんと座って、ヒマそうに新聞を読んでいる。ぼくらに気づくと「あれ、検査かい。じゃあやるか」といった様子で検査が始まる。

まずは手前に座ったぼくに対し、机の上の色覚検査の本の、たまたま開いていたページを指さして、一言。

「この数字は？」

その見開きのページを終えると、いきなり後方に座っていたモトコに、

「じゃ、あなた、向こうの紙を見て」

と、「E」の文字の向きを見る視力検査を、不意打ちのごとく始めた。

と思ったら、またぼくの視力検査に舞い戻る。まったく予測不能な縦横無尽さで同時にぼくら二人をさばいていく。ぼくは、右目は裸眼ではほとんど見えないため、かなり大きめの「E」すらも読めない。すると、おばちゃんは、「あれま！」といった顔でこう言った。

「あんた、まだ見えないの？」

仕方ないので最後の方は目を細めて連続正答すると検査が終わった。そしておばちゃんが検査票にハンコを押していく。モトコは色覚の検査はしていないのに、色覚項目に「正常」のハンコをもらっていた。夫の検査で代表したということなのだろう。

中国の病院におけるこういうびっくり話は、まさに枚挙に暇《いとま》がないにちがいない。

ポリープの切除から一週間ほどのちに、病理検査の結果を聞きに行った。手術直後に、良性だろうとは言われたものの、もし検査で悪性と出たらどうしよう……。少し緊張しながら、厳しい寒さの中、病院へ行った。すると医者はこう言った。

「ポリープは良性だよ。とりあえず、がん化の心配もないよ」

そう報告を受けると、ぼくは、昆明の空のような晴れ晴れとした気持ちになった。結果を伝えるとモトコも心底安心したようで、「よかったなあ……」と喜んでくれた。

内視鏡手術はまったく簡単なものだったとはいえ、ぼくはこの経験を境に自分の中で何かが変わったような気がした。ポリープを取ったぐらいで何を大げさな、という声が聞こえそうだし、実際モトコには「大げさやなあ」と言われたが、ぼくは確かにそう感じていた。

身体の中に手術で切除するべき異物があり、その延長線上にがんという存在があるのを知ったことは、少なからず自分の意識の中では、人生が、果てしなく無限に延びる直線ではなく、始まりと終わりのある有限な長さの線分として見えるようになる経験だった。

自分はいま、その線分の上を、絶え間なく終わりに向かって歩き続けている。すでにその何割かは歩き終えてしまい、後ろをいとおしく思い振り返ったとしても、決して戻ることはできない。ただひたすら前に向かって歩き続けるしかない。その「終わり」の端っこがいつ訪れるのかもまったくわからない。もしかするとその終点は想像以上にずっと遠くにあるのかもしれないし、逆に、もう目の前に迫っているのかもしれない。それは生きているからには誰にとっても公平に同じことだ。そしていつか必ず終点にたどりつくということもまた誰にとっても自明なのだ。

しかしながら、その実感は、決して悲観的なものではなかった。時間が有限であり、人生がいつか終わる、ということを生々しい感触として気づいた瞬間、急に、いま生きている時間がとてもかけがえのない、素晴らしいものに思えてきた。身の回りの風景が急にその輪郭を強め、色合いも鮮やかに見えるようになった。まるでメガネを調整し直したあとのように風景の細部までが見て取れ、とれたての夏野菜のように、緑は濃く色を発し、赤はヴィヴィッドに浮かび上がってくるような気がした。

はっきりといつか終わりが来るからこそ、喜びがある。時間は有限だからこそ、この瞬間に力を込めて生きることができる。ぼくは、自分が心からそう思えるようになっているらしいことに気がついた。

その感覚が、昆明を離れようという気持ちを後押ししてくれたようにも思う。終わりがあるからこそ充実感が味わえるというのは、旅においてもきっと同じことにちがいなかった。終わりのない旅をしたいと思い続けてきたが、終わりがあった方が、終わりを意識した方がいいのかもしれない——そう思えるようになっていた。

ポリープを切除したのは十二月も半ばのこと。「春城」と呼ばれる昆明も、だいぶ冬らしく寒くなる。何年も前は冬ももっと暖かくて、まさに「春城」だったらしい。そのため昆明では、家にも食堂にも学校にも、ちゃんとした暖房器具を置く習慣がないようだった。

しかし、どうも最近は冬がしっかり寒くなったとのことで、ぼくらが過ごした二〇〇五年の暮れも、とても暖房なしでは過ごすことはできないぐらい、冬らしい寒さに包まれた。

だから食堂などで食事をするときは、「さみー！」と叫びながら熱いお茶をすすり、外と同じぐらいに着込みながら火鍋をつついたりすることになる。家では安くて小さな電気ストーブを買って、朝起きてから家にいる間中、ひたすらそのオレンジ色の灯りの前にモトコと二人で陣取った。そして、そういえば最初に昆明に着いた二〇〇四年の十二月の朝も寒かったな、と思い出したりしていた。

もうあれから一年がたったのだ。

半年の滞在予定が気づくと二倍になった。それはこの町に住み出した多くの旅行者にとっても同じだった。半年と思えば一年になり、一年と思えば二年になる。そして、しばらく、と思っていると住みついてしまう。昆明は、気候にしても物価にしても、あまりにも住みやすい条件がそろっていた。

だが、そんな昆明の居心地のよさからそろそろ抜け出す時期がやってきたことをぼくは感じていた。昆明以外の新たな場所で暮らしたいという欲求もあったし、また、これ以上昆明にいたらますます腰が重くなり、ただ無為《むい》に時間だけが過ぎてしまうようにも思えた。限りある時間の中で、そろそろ別の世界を見るときがやってきていた。

その思いは、モトコにとっても同じだった。

彼女にはある意味、ぼく以上に昆明を出たいという積極的な欲求があった。働きたかったのだ。日本を離れて以来二年半ほど仕事らしい仕事はしないで過ごした結果、モトコは働く日々に惹《ひ》かれ出していた。

もともとのざっくりとした予定では、中国に一年ほど住んだら、また移動して、今度はインドに住もうなどと話していた。ところが、昆明に住んでいる間にモトコはこのように言うようになった。

「せっかく中国語を勉強して、ある程度話せるようになってきたんやし、中国で働いてみたいなあ」

ぼくらの中国語は、決してそれで仕事ができるというようなレベルではなかったけれど、知人の話を聞く限りでは、基本的な会話ができるぐらいのレベルであれば、あとは日本語ネイティブであることを活かせば仕事は見つかるとのことだった。さらにモトコはそれなりに英語ができたので、それも活かせそうだった。何よりも彼女にとっては、海外で働くこと、中国で働くということ自体が、まったく未知の、ぜひやってみたい経験だったのだ。

ぼく自身はこのままフリーでライターをやっていくつもりだったので、場所は基本的にはどこでもよかった。だから、必ずしもインドに行く必要はなかったし、やはりせっかく学んだ中国語を活かして昆明ではない中国の他の町で暮らすことにも興味はあった。

そうした話が具体的になってきたのがいつごろだったかは、はっきりとは思い出せない。ただ、チベットから戻った翌月の九月の時点ではすでにそんな気持ちが芽生え出してきていたはずだ。

というのも、九月の半ばに、昆明で行われた日本人向けの就職セミナーに参加しているからだ。

「昆明って、こんなに日本人いたのか……」

九月のある日、そのセミナーの会場となった高級ホテルの大部屋に入っていくと、中には一〇〇人以上とも思われる日本人が、ざわざわっと集まっていた。昆明には日本人が数百人程度いると聞いてはいたものの、これだけ大勢の日本人が昆明で同時に視界に入ったのはたぶんみな互いに初めてだったはずだ。

参加者は、ぼくらのような旅人上がりが少なくなかったと思われる。多くは、というか覚えている限り全員が普段着のままで、「さてどんなもんよ」という顔で席に着いている。

すると、このセミナーを主催する人材紹介会社の男性社員が前に立って説明を始めた。日本のサラリーマン社会とはまったくの別世界に住んでいた参加者たちは、彼のビシッとしたスーツ姿を見ただけで「おおー」と歓声が湧きかねない雰囲気だった。さらにこんな話が出るのである。

「面接のとき、白い靴下ではいけません。スーツの下に半袖のシャツではいけません」

え……？　と聞き返したくなるほど、まったく寝耳に水な言葉だった。そんなことをいちいち気にする世界があるらしいことを完全に忘れていたのだ。何しろ昆明では、ネクタイをした人すら数カ月に一度見るか見ないかぐらいなのだ。

「日本ってそんな世界だったっけ……？」

そう思っている自分の心を見透かされるかのように、説明は続く。

「中国に留学している人の弱みは、日本的な社会人としてのマナーや常識が欠けがちなことです」

おっしゃる通りだった。日本がマナーや服装に極端に細かいのに対して、中国は完全にその対極にあるのだ。特に日本のサラリーマン社会とはほとんど無縁の昆明で暮らしていれば、日本のマナー感覚など、簡単に消えうせてしまうのだ（ちなみに、これは中国での就職に関するセミナーだが、日系企業への就職希望者が主なターゲットなため、こういう話になるのである）。

しかしモトコは、その辺も大丈夫だろうという気がした。日本でかっちり四年間社会人生活を送ってきているし、少々ブランクがあろうが少し慣らせば日本的な常識の世界に戻れそうなタイプでもあるはずだった。

そうして、ふむふむとうなずいた合同説明会のあと、ぼくもモトコも個人面談をしてもらった。ぼくは就職するつもりはなかったものの、せっかくだからと、ライターをやりながらできそうなバイト情報でもないかと相談した。具体的には、日本人駐在員の子ども相手の塾講師のような仕事だ。塾講師の経験は、学生時代からそれなりに積んでいたからだ。

「はあ、ライターの傍《かたわ》らの塾講師ですか……。そういう求人情報も求職情報もあまり聞かないんですよね。そもそも需要があるのかどうか……」

この面談で、ぼくは、自分がまったくもってセミナーの範疇《はんちゅう》外であることをしみじみと理解した。まさに、「お呼びでない」という状況だった。

一方モトコは、案の定、モチベーションの上がることを言われていた。

「日本でちゃんと働いていらしたのですし、その経験を活かせば比較的仕事は見つけやすいのではないかと思いますよ」

幸先《さいさき》のよさそうな反応だった。モトコは「みんなにそんなふうに言ってるんじゃないかなあ」などと言いつつも、ちょっと安心したようだった。

そしてこのセミナーを機にモトコはこの人材紹介会社から希望に合いそうな企業の情報をもらうようになり、昆明の次に住むべき候補地もだんだんと具体化していくことになる。

もともとぼくは、次に住むなら、北京、上海、広州あたりをイメージしていた。というのは、フリーなのでどこでもいいとはいえ、ライターとしての仕事はやはり大都会の方がやりやすいだろうと考えていたからだ。また昆明という地方都市のあとだけに、中国の中枢的な都市にも興味があった。

だがモトコは、

「そんな大都会はいややわあ。私はもうちょっと小さい町がいいなあ」

と、中都市での仕事を見つけられないかと模索していた。ただ実際に探してみると、中都市にも仕事自体はあるものの、そもそもそれらの場所一つひとつに面接のために出向くというのが難しい。そう考えるとやはり、膨大な数の会社が集まっている大都市で就職活動して仕事を見つける方が簡単にちがいなく、モトコもだんだんと、大都市でも仕方ないのかな、と思うようになっていったようだ。

ぼくとしては、自分があまりに「おれは大都市じゃないといやだ」と主張すると、モトコは逆に意固地《いこじ》になって中都市での仕事探しに熱を入れ出すような気がしたため、あえてあまり主張はしなかった。すると徐々にぼくの思うような流れとなり、結局、上海が最有力となっていったのだった。モトコが少しずつ、「まあ、上海かな……」と言い出すようになると、「ああ、そう?」などと言いながら、ぼくは密かに喜んでいた。というのは、ぼくは大都市の中でも上海にもっとも惹かれていたからだ。

「シャンハイ」という名前は、華やかさといかがわしさが入り混じった空気を想起させた。ビジネス、芸術、異文化、アングラなどが混沌《こんとん》として存在していそうなイメージは、強い吸引力があった。だからモトコが上海で気に入った仕事を見つけることができればうれしかった。

しかし、上海に住むとなれば、もちろんぼくもしっかり稼がなければ生活していくのは難しい。物価がぐっと高くなるからだ。上海ならいいな、などと言いつつも、その点については真剣に考えなければならなかった。

東南アジアでは少しずつ仕事が増えていく感覚があったものの、昆明に来てからはすっかりペースが落ちていた。週刊誌や月刊誌に企画を出したり原稿を送ったり、公募の賞に応募したりということを地道に続けてはいたのだが、どうもうまくいかなかった。たまに雑誌にルポや記事を掲載してもらえることはあったけれど、本当にそれは数えるほどでしかなかった。そして応募した賞にはすべて落選した。

書いて稼げた金は本当に微々たる額だったが、昆明の物価だとそれでもそれなりに優雅な生活ができてしまうのもまたよくなかったのかもしれない。だが上海に行けば、このままでは生活できないのは明らかだった。

「ああ、おれはだめなんじゃないか」と落ち込んだことは一度や二度ではない。自分にはやはり物書きなんて向いてないんじゃないかと思ったことも何度もあった。

他に何か自分にもっと合った仕事があるのではないか。そう思い、自分に何ができるか、自分は何をしたいのかと考えることも少なくなかった。しかし考えてみた挙句《あげく》、いつも他に何も浮かばなかった。自分はやはり、物を書いていきたい。なんとかその道を続けていきたい。そんな気持ちと現実の間を行ったり来たりしていた。

大きな変化が訪れたのはそんなときだった――。

特に何か明確なきっかけがあったわけでもない。学校に行って中国語を勉強し、カフェで友だちと会い、家で原稿を書く、という単純な日常を繰り返していただけだったが、突然、身体の力が抜けて気持ちが楽になっていくのを感じたのだ。そして急に、いままでにないほど緊張感なく話ができるようになっていた。つまり、吃音が、突然ぼくの身体から消え去ろうとしているかもしれないことに気がついたのだ。

17 突然治った吃音

高校時代から自分にとって最大の悩みの一つであり続けた吃音が、突然なくなったように感じたことは、これまでもなかったわけではない。何かとてもうれしいことがあったり、気分がよかったりすると、それから一、二日はなんだかいつもより電話がいやじゃなかったり、自分の名前を緊張せずに言えたり、その他不得意な場面でもスムーズに話せたりすることがあった。そういうときはいつも、もしかしてこのまま吃音が治るのではないか、という期待が膨《ふく》らみ、積極的に、自分の苦手な場面に身を置いて話し、自分を試してみたりした。

だがいつも数日で、その期待がただの幻想であることに気づかされた。調子がいいと思って話していたのに突然電話で激しくつっかえてしまったりして、それをきっかけにまた元通りの状態に戻っていく。または、特にきっかけはなくとも、気がつくといつも通りに話しづらくなっていき、名前が言えなそうだ、電話ができなそうだ、などという緊張をともなった症状が戻ってきてしまうのだった。

そして「ああ、やっぱり治るわけがないんだ……」と再確認し、気分も落ち込みすべては元通り、という経過をたどっていくのだった。

ぼくは昆明にいたこのときまでに、すでに十年近く、そんなことを繰り返してきていた。もはやそういう瞬間的な回復期間というのは、ときどきやってくる不定期な年中行事のようなものでもあった。そのたびごとに「おお、また来たな」と思い、今度こそ、もしかしたら……とかすかな期待を抱き、そしていつも裏切られるのだった。

しかし、昆明の生活をいよいよ終えようかというときに始まった今回の回復期は、違ったのだ。

最初に小さな変化を感じたのは、ある日、学校の帰りに、よく行くカフェの一つである

「プラグカフェ」に寄ったときのことだった。ログハウスのような雰囲気のそのカフェの二階の席で、ソファに座って、いつも通りに本を開いて、コーヒーを注文する。

ぼくは注文するものを決めて店員を呼び、店員が歩いて近づいてくる間、いつも、「ああ、つっかえずに言えるかな」とわずかながら緊張が走る。どもらないための自分なりのタイミング調整が始まるのだ。しかしこのときは、そんな身体と心の硬直感がないまま、注文をする場面に至った。ちょっと顔見知りになった女性の店員に、

「一杯咖啡（イーベイカーフェー＝コーヒー一杯）」

と、なんの緊張感もなく口にすることができたのだ。そのとき、あ、これはしばらく調子のいい期間に入るかもなという気がして、少し気分が上向いた。

その翌日も、そのまた翌日も、調子よく過ごせた。喉元の緊張感がなく、ぼくは言いたいことを言える感覚にうれしくなり、店に入っても、積極的に店員に話しかけるようになっていた。

そうして何日かそういう気分のいい日が続くと、今度は、いつ元に戻ってしまうのかが気になり始める。今度何かでどもったら元に戻ってしまうだろう、その瞬間がそろそろ来るのではないかという恐怖感にとらわれ始める。いつもは、そう思い始めると再び緊張感が高まり、間もなく本当にそのときが訪れ、元に戻ってしまうのだった。

だがこのときは、その瞬間が、なかなかやってこなかった。

「あれ」と思い、「あれ、もしかして……」と思い始めたのは、調子のいい日が一週間ほど続いてからのことだったと思う。調子がよくなると、ぼくはいつもモトコに、

「なんかここ数日いい感じだよ」

などと話した。さらに、

「もしかすると、今回は、本当に吃音よくなってるかも……」

と言った。モトコはいつもながらの冷静な様子で、

「ああ、そうなん？　よかったやん。そのまま治ったらいいなあー」

と笑顔を向けたが、しかし内心ではこう思っていたという。

「そのせりふ聞いたの一〇回目くらいやなあ……」

……確かに、ぼくはこういうことを何度も言っていたのかもしれない。

だが、今回ほど長くあのいやな緊張感が戻ってこないのは初めてのことだった。いままでとは何かが違うとぼくは感じ、うれしくなった。それが本当にそうなのかを試すかのように、ぼくは、いつも以上に人と一緒に騒いで過ごしたくなり、積極的に電話をかけ、自ら「近藤です」と自分の名前を人に言ってみたくなった。カフェや食堂でも、普段は言いづらいようなオプショナルなこと、たとえば、「さっき注文した肉料理、やっぱり肉は炒

めるのではなく、揚げてください」といったようなことを、もっと言ってみたくなり、試してみるといつもよどみなく言えた。そしてそのたびに、「お、まだ大丈夫だ……」と、喜ぶことができた。

そんな日が二週間ぐらい続くと、今回こそはこれまでとは確実に違うとぼくは確信に似た気持ちを抱き出したのだ。

いったい何が起こったのかは、自分でもまったくわからなかった。ただ期待だけが高まった。このままぼくは吃音から解放されるのかもしれない――、と。


吃音さえなくなれば、という思いは高校時代からずっとあった。吃音から自由になることさえできれば、きっと自分はもっといろんなことができるはずだと思っていた。昆明にいたこのときは、吃音さえなければ、もっと前向きに積極的に人に会い、さまざまな取材をすることもできるはずだ、吃音さえなければ、きっと自分はもっといろんなことが書けるはずだ、吃音さえなければ、自分はきっと新たな境地に踏み出せるはずだ……、と思っていたのだ。

ただ実際にはそんなことはありえないことはわかっていた。吃音がなくなったらすべてが好転するなどということはまったくの幻想でしかないだろう。すべてを吃音のせいにして自分は逃げているだけなのではないか――。そう思いつつも、やはりぼくは心のどこかで、吃音さえなければ、とずっとそう信じ続けてもいたのだ。

ぼくはきっと、チベットからインドを目指したあの彼と同じく、自分の桃源郷を見つけることを夢見ていたのだ。桃源郷などありはしない、と思いつつも、どこかでそれが現れることを期待していたのだ。

そしてこのとき、もしかしたら、昆明こそが、自分にとっての桃源郷なのかもしれない、と思った。

それからさらに時間がたち、ぼくはいよいよ、吃音が消え去ったのかもしれないと実感できるようになっていた。気持ちがこれまでになく軽くなり、なんでもできそうな気分になった。まだ何かちょっとしたきっかけで元に戻ってしまうのではないかという怖さもあったけれど、とりあえずぼくは、自分がまったくの別世界に踏み出せたような気持ちになれていた。

なぜ昆明でこんな変化が起きたのか、その原因がなんだったのかは、はっきりとはわからない。ただ単に年を取っていくなかで、たまたま昆明にいたときにその変化が訪れただけなのかもしれない。

しかしやはり、旅の中を生きていたこと、そして昆明で暮らしていたことが少なからず関係があるようにぼくには思えた。

日本を出て以来、いくつもの土地で多くの人と出会い、話してきた。その一つひとつの人生、生き方と、ほんの少しでも触れ合い、言葉を交わすことが、自分の中の何かを変えていったんだろうという気がした。

もっといろんな生き方があるはずだ、もっと気楽に生きていいんだ——出会った多くの人たちが、それぞれの生き方によって、ぼくにそう教えてくれていたように思う。

ここ昆明でも、力みなく開けっぴろげに生きる多くの人々が、ぼくに大きな影響を与えてくれたにちがいなかった。

ぼくは、昆明という環境の中で、無意識に、肩の力を抜いて生きることを覚えていったのかもしれない。焦る気持ちや悩みなどはやはり変わらずにあったけれど、それでも、知らぬ間にぼくは、力を抜くことができるようになっていたのかもしれない。吃音が消えていったのは、きっとそうしたことと関係があったはずだ——そう思うようになった。

ぼくは、この旅で、そして昆明で出会うことになった多くの人たちに、心から感謝したいという気持ちになっていた。

本当に吃音と決別できたのかどうかは、しばらく待ってみないと、少なくとも数カ月は待ってみないとわからないだろう。だがすでにこのころを境に、自分の第二の人生がスタートしたように感じ始めていた。よし、上海でがんばろう――。ぼくは、これ以上なく前向きな気持ちで、昆明生活の締めくくりへと向かっていった。

＊

二〇〇六年一月十九日。

目覚ましが鳴ると、モトコはさっと身体を起こして、ぼくを揺らした。

「起きや、起きや。五時やで……。私、まったく寝れへんかった」

聞くとモトコは、興奮して一睡もできなかったという。ぼくもおそらく二、三時間しか寝ていない。

いよいよ昆明最後の朝がやってきたのだ。ぼくたちは六時過ぎには家を出て、空港へ行くことになっていた。

さっさっと準備を整えて、一年間住んだこの部屋を最後にもう一度見回した。豪華なベージュの革ソファも、市内を見渡せる優雅な眺めも、これで終わりと思うと名残《なごり》惜しかった。

「リッチな家だったな……。こんな家に住むこと、もう二度とないかもな」

とぼくは思った。最後に何枚か写真を撮ってから、

「さあ、行こうか。よいしょっ！」

と、久々に前と後ろにバックパックを背負って部屋を出た。ドアを閉めて、毎日上り下りした五階分の階段を下りて外へと向かった。

外はまだ薄暗く、やはり「春城」とは思えない寒さだった。何度か振り返り、部屋に別れを告げながら、「とりあえずタクシーを探そうか」と話していると、ぼくらは見知った人が立っていることに気がついた。ぼくらの部屋の持ち主である熊さん（クマさん、ではなく、ションさん）がそこにいたのだ。

彼は優しげな笑顔が特徴で、頭はいつでもきれいな角刈りに整っていた。その頭は、まるで若きころの渡哲也のようで、さては「西部警察」のファンなのかもしれないと思わせるほどだった。しかも彼は本当に警察官で、いつもちょっと大きめな制服をダボッと着てぼくらの前に現れた。このときもそうだった。熊さんは朝から元気に、

「早！（ザオ！　おはよう！）いまから行くのか？」

と普段の笑顔を見せた。あれ、なんでここに？　と聞くと、彼は笑って何も言わず、

「荷物持つから、貸しな」

と、モトコのバックパックを担いで、自分の車へと運んでいった。

彼は大家なので、もちろんぼくらが今日部屋を出ることは知っている。だが、あれっと

思ったのは、じつは彼とは昨日、部屋の引き渡しの際の、最後のお金の精算で少々もめていたからだった。

事の発端は、その二日前に、ぼくらが熊さんに「管理費」をぼられていたことが発覚したことだ。部屋を借りるとき、家賃とは別に毎月八〇元（約一一〇〇円）の管理費がかかると聞いて少々高いなと思いつつも、すでに一年間分払っていたのだが、なぜだったか、いまになってマンションの管理室に行って聞いてみると、

「え？　管理費は六〇元だよ」

と言われたのだ。熊さんに問いただすと、「それは……」と、ああだこうだ言い訳をしつつも、結局は月に二〇元の差額、一年で計二四〇元（約三五〇〇円）を懐《ふところ》に入れていたというわけなのだ。ぼくらも黙っているわけにはいかないので、押金（ヤージン、保証金のこと）の返還とともに、熊さんに二四〇元を返してくれるよう迫ったのだ。

熊さんとは、部屋を借りるときから何度も会っていたし、ぼくと同じ年ぐらいだったこともあって親しみを感じていたのだが、このようにときどき曲者《くせもの》らしい小ワザを使ってくるので注意が必要な男だった。ただ、警察官であっても、中国ではこのくらいのことはあまりにも普通で、特に悪いと意識するほどのことでもないのかもしれない。ばれたらばれ

たで、「あ、ばれちゃったか」と笑って返してくる、そんな世界だとぼくは認識していた。

しかしこの日（昆明出発の前日）熊さんは、部屋の引き渡しの場に奥さんと息子を連れてきていて、この奥さんというのが、じつにがめつい女だったのだ。

ぼくらは、彼らの部屋チェックの日を前に、きれい好きなモトコの指導で丁寧に部屋を掃除していた。モトコは、

「これだったら、全然問題ないやんな」

と、かなり自信を持っていた。壊れていたものといえば、トイレのプラスチックの便座にひびが入っていたのみで、それだけは少しお金を取られても仕方がないと思っていたが、あとはまったく問題ないはずだった。

だが熊さんの奥さんは、部屋に来て一通り見て回ってソファにかけると、「ケッ」と終始不機嫌そうな顔で、なんだかんだと、熊さんに文句を言っている。ぼくらは彼女が熊さんに言っていることは聞き取れなかったが、熊さんが、それを通訳するようにぼくらに、「床が汚いなあ。なんだこのシミは？」などと重箱の隅をつつくようなことを若干遠慮がちな顔で言ってくる。ひびの入った便座についても、ぼくらが自ら、「便座代だけは差し引いてもらって結構です」と言うと、差し引かれた額が妙に高額で驚かされた。

「そんなに高いわけないじゃないか」

と言うと、

「いや、それぐらいする」

と、(おそらく奥さんに操られた)熊さんは譲らない。だったら自分で買ってくるからちょっと待ってて、とぼくは近くの金物屋に買いに走ったが、すると案の定、ひどく安く手に入った。まったく油断も隙もあったもんじゃない。

そんな感じで、長引く交渉を続けていくと、熊さんの奥さんはいよいよこちらに向き直って、直接ぼくらにこう言った。

「以前、タイ人に貸していたけど、あんたたちよりタイ人の方がきれいに使ってくれたよ」

まったく汚くしてくれて……、と苦々しい顔をする。

それを聞いてモトコは、いよいよ頭に来た。怒りのボルテージを一気に上げた。

「何言ってんのよ。借りたとき、すごい汚かったじゃないの。私たちが借りてから掃除してこんなにきれいになったのよ!」

すると奥さんも、なによ! と負けじとやり返す。激しい女のバトルが展開し出したわけである。

こうなるともはや水掛け論でしかなくなるが、ぼくらとしては、熊さんの奥さんの、ぼったくった管理費を返す代わりになんとか部屋にケチをつけて押金から差し引こうという魂胆が見え見えなのだ。

しばらくして、もうらちがあかないとわかると、間に挟まれた熊さんは苦笑いを浮かべながら、こう言ってまとめにかかった。

「もう、わかったわかった。ちゃんと返すから」

そうして結局、ぼられた管理費一年分を含めてしかるべき金額が返ってきたのだった。もちろん奥さんは不満そうに熊さんに何かを言い続けていた。きっと訳せば、こんな感じになるのだろう。

「なに甘いこと抜かしてんのよ、あんた！　こいつらの言いなりになったらだめよ！」

そんなわけで熊さんとは、最後だったにもかかわらず、若干険悪な別れになってしまっていた。だから、出発の朝、部屋の外に熊さんが立っていたことに驚いたのだ。

もしかしたら、あの強烈な奥さんに、

「あいつら、出て行くとき何か部屋から持って行っちゃうかもしれないから、あんた、朝行って見張ってきなさい！　逃げられたら最後よ！」

などと言われていたのかもしれないが、逆に、昨日があんなだったから、ぼくらに最後の別れを言いに来てくれたのかもしれない、とも思った。

いずれにしても、最後にまた、てっぺんがまっ平らになった彼の美しい角刈り頭を拝めたのはうれしかった。

「空港までは、タクシーで行くんだろ？　この時間タクシーは少ないから、見つかりそうなところまで送っていくよ」

そう言って熊さんは、ぼくらを乗せて車を走らせてくれたのだ。

無言で運転する彼の姿を後ろの席から見つめながら、ぼくはこの一年間で感じてきた、中国人のストレートで無骨な温かさを思い出していた。うれしければ笑い、いやであれば怒り、悲しければ嘆き、助けが必要であればその場で動く。ぼくは中国人のそんなダイレクトな感情表現や行動が、とても好きになっていた。

日本人と中国人は、外見が似ているだけに、無意識に互いに自分と同じような感覚を求めてしまうのかもしれない。でも、異なるのだ。「日中友好」というのが、言葉で言うほど簡単ではないことも強く実感するようになっていた。

中国人と日本人は、きっと性格のまったく異なる兄弟のような存在なんだろう。たくさんケンカをしたとしても、互いに決して離れることはできない近しく大切な存在であるのだろう、そうであってほしい、と思った。熊さんが来てくれたのも、きっとぼくらに何か親しみを感じてくれているからではないかとぼくは想像した。

タクシーが見つかると、彼は車を止めて荷物を降ろした。ぼくらは、互いに顔をほころばせながら、言った。

「再見！」

タクシーに乗って、まだ朝が明け切らない街並みを見ながら、ダーウィンを去る朝のことを思い出した。ダーウィンから東ティモールへと飛ぶ朝も、早朝にタクシーで空港に向かったのだった。あのときは、オーストラリアの日々が終わってしまうことがなんとも不思議なことに感じていたけれど、もうそれから二年近くがたち、あのときはまったく未知の国だった中国での生活も一年が過ぎてしまったのだ。

旅の時間が無限ではないことはもうよくわかっていた。毎日は、毎月は、毎年は、こうして確実に過ぎ去っていく。それを惜しんでも仕方がない。考えなければならないのは、自分が毎日を悔いなく過ごせているかどうかなのだ。

昆明でぼくは、吃音からの脱却という自分にとってはまったく信じがたい経験を得ることができた。それは、自分の旅にこれ以上何が求められようか、というほどうれしいことだった。自分は結局このために旅をしていたのではないか、とも思った。

だから、これから始まる上海での生活は、ぼくにとってまったく新たな日々になるにちがいなかった。

喉元に緊張感がないことを何度も確認しながら、ぼくは上海での新たな出会いと生活を想像した。そして、オレンジ色のネオンに染まる静かな昆明の街並みが通り過ぎていくのを、モトコとともに眺めていた。

IV

上海

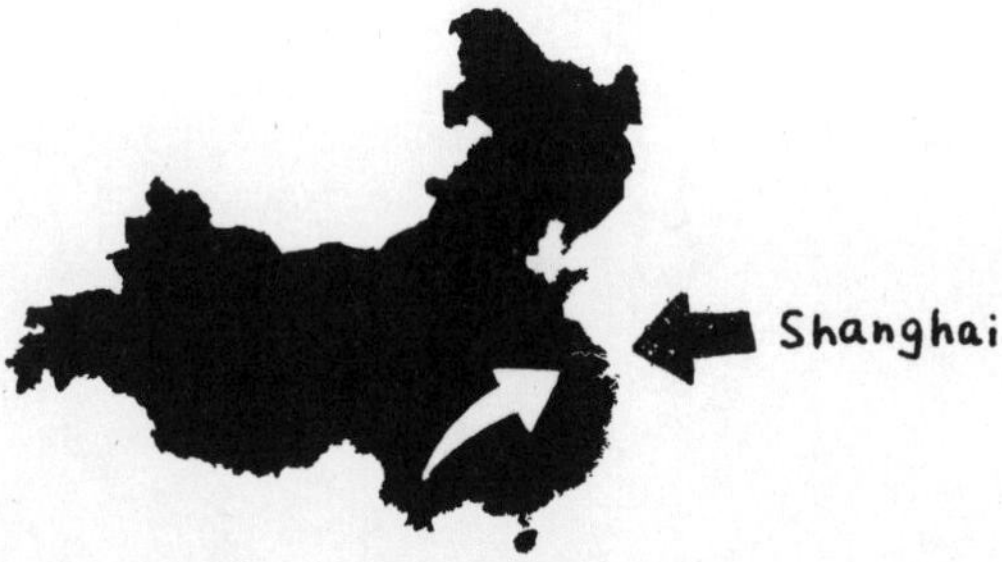

18

困りきった不動産屋と適当な面接官

二〇〇六年二月、上海——。

「おれは、あんたへの仲介料は払わないからな！」

不動産屋の小さなオフィスの中で、丸首のニットを着た小柄な男がそう言った。三十歳前後と思われるこの男はときどき「へへっ」とひきつった笑いを見せたが、その様子が、いかにも金持ち一家のわがまま息子であることを想像させた。脇に抱えたセカンドバッグには、毛沢東《もうたくとう》の顔が描かれた赤い一〇〇元札がびっしりと詰まっていた。

男のその言いように対して、向かい合って座っている不動産仲介業の大柄な男は、色黒で人のよさそうな顔を真っ赤にして怒声を上げた。

「おい、何言ってんだ？　そんなことが通用すると思ってるのか⁉　払えよ！」

いったいどうなってんだ……。その隣で、ぼくもモトコもわけがわからないまま、立ち尽くしていた。これぞ大都会、上海なのだろうか。男たちの刺々《とげとげ》しい雰囲気にぼくはそんなことを思っていた。


昆明を出て、日本に三週間ほど帰ったあと、大阪から船で上海へと戻ってきた。

そして上海に着いて二週間ほどがたったこの日、ぼくらはついに住むべき部屋を決めた。すでにモトコの仕事が決まり、その職場から歩いて数分の、徐家匯（シュージャーフイ）という大きな商業地区のど真ん中にある部屋だった。昆明の部屋に比べて広さは半分もないぐらいなのに、値段は三倍以上。かなり悩んだものの、ふと大家がテレビをつけたとき、ＮＨＫが映ったのが決め手となった。

「NHKの衛星放送が映るのか！」

まったく上海は、昆明では考えられないような環境に思えた。

決断すると、その部屋から不動産屋に戻り、仲介業の男の前で大家とともに契約書にサインした。そして大家に金を払ったあとに、前述の思わぬ展開になったのだ。その大家というのが、セカンドバッグの金持ちボンボン男なのである。


「こんなに安く貸すことにしてくれちゃって、仲介料なんて払えるわけないだろう！」

怒る不動産屋に対して、大家も負けじと怒鳴り返した。

上海では普通、借主も貸主もそれぞれ仲介業者（不動産屋）に一カ月の家賃の三五パーセントを手数料として払うことになっているのだが（不動産屋は計七〇パーセントを得る）、大家がそれを払わないと言っている。どうも、不動産屋が提示していた賃貸料が大家の希望とは違ったらしい。とはいえ、もちろん大家はその値段を知った上で、ぼくらに貸すことを決めていたはずなのだが……。

二人のやりとりはさらにヒートアップする。不動産屋は机を叩きながら、話が違うじゃないか！　と叫び、ボンボン大家は、知らねーよ、そんなこと！　とうるさそうにしながら足を組んでイスに座ってじっとしていた。おそらく何か口約束をしていたようだが、それを根拠に金を払わせなければならない不動産屋の方が明らかに不利で、彼は困り果てていた。そして、どういう流れだったのか、不動産屋はこう言った。

「よし、それならお前のママに電話して払ってもらうぞ！」

ボンボンのママは、この業界の重鎮《じゅうちん》なのだろうか。彼女に言えばわかってくれて、息子を説得してくれるはずだ、不動産屋はそう思ったのかもしれない。

しかし、親子の絆《きずな》はやはり強い。ママが息子を差し置いて不動産屋の味方をするはずもない。

「そんな……。おかしいじゃないですか。なんでですか……」

電話口で不動産屋が泣きそうになりながら訴えるものの、顔はどんどん険しくなる。やがて悔しそうな顔で電話を切った。

ボンボンは薄笑いを浮かべながら「な、だから言ったじゃねーか」と、不動産屋の方を見た。不動産屋の怒りは限界を超え、さらにいろいろとまくし立てたが、もうどうしようもないことは、言葉がよく理解できないぼくたちの目にも明らかだった。すると、不動産屋は最後の手段で、ぼくらに訴えかけてきた。

「もうこの部屋はやめて、他の部屋を探さないか」

ぼくらに契約をやめさせて、ボンボンを困らせようというわけである。

ボンボン大家の印象は最初からよくなかったこともあり、ぼくもモトコも不動産屋がかわいそうに思えたが、契約も済んでいたし、さすがにそういうわけにもいかなかった。

「申し訳ないけれど、さすがにそれは……」

不動産屋ももちろん、ここまできて契約をやめられるわけがないことはわかっていたのだろう。そうか、わかったよ……と、力なくうなずいた。そしてボンボン大家は悪びれることなく堂々と、仲介料を払わずに去っていった。

この男が、ぼくらの大家となるのだ。まったく油断も隙もない。家を出るときどんな言いがかりをつけられるかわかったもんじゃないな……。昆明の熊さんの奥さんなんてかわいく見えるほど悪印象なこの男との遭遇こそが、上海という未知の大都会に来たことを実感させた。

大家に不安はあったものの、とりあえず部屋は決まった。しかもそのときすでにモトコの就職先まで決まっていたのだ。上海生活の滑り出しはひとまず順調だった。

ただ気がかりだったのは、上海に着いて以来、モトコの気持ちがどうものってこないことだった。モトコは、なかなかやる気が出なくて困っていたのだ。それは、昆明から上海に移る間に一時帰国したときから、彼女の中で湧き出していた気持ちだった。

旅の節目節目での一時帰国は、旅を生活と考えていた自分たちにとって、決して旅という特殊な時間を中断させてしまうものではなく、むしろ日常的に続く旅の中でスパイスのような役割を果たす、これも重要な旅の一部だった。それによって次の新たなスタートへ向けて気持ちをリフレッシュさせようと思っていた。昆明から上海へ移る前の日本滞在もそういう期間のはずだった。

ところが今回は、その間にモトコの出国の意欲が薄れていってしまったのだ。日本滞在の残りもわずかとなり、上海に向けて再び出発するためにモトコの実家で荷物を詰めながら、彼女はこう言うのだった。

「なんで私たち、いまからまた日本を離れて上海に行くんだろう……」

上海に何があるわけでもない。知り合いもいなければ縁もない。仕事もないし、住む場所もない。自分たちにとってまったく何もないそんな土地に向かって、家族や友だちに別れを告げて日本を離れることに、モトコはこのとき少し躊躇《ちゅうちょ》する気持ちが湧くようになっていた。その気持ちは、多少なりともぼくにも理解できるものだった。

二〇〇三年に最初に日本を出てから三年近くがたち、少しずつぼくらの旅への思いが変化してきたことを表していた。この生活も、もう後半戦に入っているのだろうな、と少なからず思うときがあった。

しかしぼくは、日本を出てしまうと、すっかりそんな気持ちは消えうせた。まったくの未知な土地である上海で生活基盤を作っていくことがすぐに楽しくなっていく。吃音《きつおん》が消え続けたままであることもわかり、気持ちはますます前向きになっていった。

上海に着いて高層ビル群の間を歩いていると、新宿あたりにいるような気持ちになった。ぼくは、久々の大都会生活のスタートがちょっとうれしかったが、モトコにとっては、都会の喧騒《けんそう》は苦手なものでしかなく、それもまた彼女を滅入らせる要因となっていた。

「ああ、上海はほんまにすごい都会やなあ……。こんなところに住むのいややわあ」

モトコは、すべてに積極的になれないいままだった。

「なんとかがんばろうよ」

とぼくはモトコの尻を叩く。もちろんモトコも、上海に来たからにはいずれにしても仕事探しはしないといけないことはわかっていたが、彼女自身、自分のあまりのやる気のなさに「こんなんで大丈夫かな……」と驚いていた。そして彼女は、自分のもう一つの気持ちにも気づいていた。

——働きたいと思ってはいるけれど、いざ現実となってみると、どうも億劫《おっくう》に感じてしまう。やはり三年近くものんびり過ごしてしまっただけに、そう簡単には気持ちも身体も戻らないのかもしれない。自分はまた会社員生活に戻れるんやろうか……。

モトコが日本を出たくないと思ったのも、じつはそうした不安な気持ちが関係していたのかもしれなかった。

それでも、昆明で登録した人材紹介会社の情報によって面接を受け始めると少しずつ調子が戻ってきた。始まってみると、なんと一社目で、たった数日の活動で内定をもらうことができてしまったのだ。面接から帰ってきたモトコは、ほっとしながらも、なんだか気が抜けたようだった。

「なんか適当やったわあ……」

前日の一次面接では、最初に中国人の若い女性と話したが、英語で面接をするその女性自身が、いまいち英語がわかってなさそうだったという。次々に質問をするものの、おそらくモトコの言ってることを十分理解できてなく、「はあ……」という顔でうなずいている。その挙句《あげく》、こう言われた。

「あなた、日本人なのに英語うまいのね」

それから今度は英語の達者な上司のところに連れて行かれ、たわいもない雑談をしていると、突然言われた。

「おめでとう。では、次の面接に進んでもらいますね」

そして翌日の二次面接に臨むと、「どれくらいの期間働けるんですか」「二年ぐらいは働けると思います」「では、採用します」といった具合で、あっけなく決まってしまったというのだ。雰囲気を見られてたんだろなとは感じたものの、それにしても簡単で、どうなってるんだろう、とモトコは思った。

そんな決まり方だったこともあり、モトコはもうちょっと交渉を試みた。提示された給与が希望より少し低かったため、なんとか上げてもらおうと粘ったのだ。するとそれもあっさり、ほとんど彼女の希望通りになった。そうして決まった給与は、手取りで月二〇万円ほどだったが、昆明にいたころから考えると、まったく驚くべき収入だった。

「え、ホントにもう決まったの？　おめでとう！」

一番最初の、しかももっとも高いハードルかと思えたモトコの就職先決定は、ぼくにとってもうれしいことだった。それにしても上海に着いて四日後にすでに内定を得ているという早さには驚くしかなかった。よし、おれもがんばろう。そう思いつつ、しかし急に取り残された気分にもなり、ちょっと焦りもした。

ちなみにこんなに早く仕事が見つかるのは、決して彼女に限ったことではない。このころの上海で日本人が仕事を得るのは決して難しいことではなかった。日本人で中国語がある程度わかれば、みな比較的すぐに内定を得ているようだった。一度面接を受けて、その二時間後に電話で採用を知らされたという人の話も聞いたことがあった。日本人が求められる仕事は上海に溢《あふ》れていたのだ。

モトコの仕事が決まり、その後、部屋も決まった。すると残るは滞在資格、つまりビザだ。

モトコは会社から労働ビザがもらえるので何も心配はなかった。問題はぼくがどうするかだった。ぼくの場合、まずそもそも、中国で外国人がフリーで働いていいのかという問題があったが、とりあえず滞在資格さえあればなんとかなるだろうと考えていた。

香港に行けばあるルートで簡単に一年間滞在可能なビザが手に入るという話は旅行者の間では有名だったので、いざとなれば香港へ行こうと思っていた。だが、モトコの会社の人に相談すると、なんとぼくに配偶者ビザが出してもらえるというではないか。しかも、そのビザがあればぼくも働ける、とその担当者は言う。本当に働いていいのかは甚《はなは》だ不明だったものの、会社の人がそう言うのであれば、とその言葉を都合よく信じることにした。そうしてぼくは、駐在員の奥様方と同じ資格で上海に滞在することとなったのだ。

三月に入ると、モトコの会社生活も始まって、いよいよ上海生活が本格的にスタートした。

モトコは、久々に見る仕事用の装いで毎朝バタバタと部屋を出た。やる気の出なかった彼女も、上海という新しい環境で久々に働く日々は、やはり新鮮で楽しいようだった。職場がかなり自由な環境であるのもよかったようだ。

モトコが家を出るのを見送ったあと、ぼくの一日が始まる。朝食を食べて、コーヒーを淹《い》れ、NHKでニュースを見てから仕事に取りかかる。ネット環境も家に整い、小さな部屋は快適なオフィスになった。

だがぼくも、まずは仕事を探すことから始めなければならなかった。町を歩いて見て回り、上海の空気に身体をなじませながら、日本の雑誌への企画を考えた。それと平行して、上海に多数ある日本語フリーペーパーでも仕事をもらえるよう、企画を作り、連絡を取り、訪ねていった。

その一方、空いた時間を有効に使うべく週に何度か家庭教師もやることにした。上海には日本人駐在員がたくさんいたので、その子どもたち相手に数学や英語を教える仕事は需要があるはずだと思った。日本語のフリーペーパーに小さな広告を出すと、案の定、複数の電話がかかってきた。

そうして、上海での新しい生活は徐々に構築されていった。

ぼくらの住んでいた徐家匯には、巨大なデパート群や地下鉄の駅もあり、すべて家から徒歩十分以内。地下鉄も東京のと同じくらいにきれいで便利だった。さらにスターバックスやセガフレードといったカフェも近くにあり、雰囲気は完全に都会だった。スウェーデンの家具ブランドIKEAの店舗も近かった。

だがその一方、上海は歩けば歩くほど、先進国的なイメージよりも圧倒的に「中国らしさ」に満ちていることがわかってくる。テレビなどでは、上海といえば、テレビ塔をはじめとする近未来的なビル群や、租界《そかい》時代の歴史を背負った重厚な西洋建築ばかりが映されるが、一本裏に入れば、昆明と同じ雑然とした中国らしい世界が広がっていた。

上海は、その凄まじい経済成長に街全体がついていっているわけではない。鄧小平《とうしょうへい》の改革路線に従い、富めるものが先に富んだ結果、上海の中ですら、富めないものが無数に残され貧富の大きな差が生まれているのが見て取れた。いや、発展する上海だからこそ、とてつもない貧富の差があるのだ。金を持つものも上海に集まり、まったく金を持たないものもまた上海に集まる。この街では、先進的な世界と貧しい世界が、道一本挟んですぐ隣に同居していた。

町を歩き、そんな風景を見ながら思い出したのは、一九二〇年代に上海に住んでいた一人の詩人のことだった。金子光晴。生きるために放浪し、放浪するために生きたような金子が、上海で暮らした日々について記した『どくろ杯』という作品がぼくは好きだった。

金子はこう書いた。

《上海は、漆喰と煉瓦と、赤甍の屋根とでできた、横ひろがりにひろがっただけの、なんの面白味もない街ではあるが、雑多な風俗の混淆や、世界の屑、ながれものの落ちてあつまるところとしてのやくざな魅力で衆目を寄せ、干いた赤いかさぶたのようにそれはつづいていた》。当時ここは、《ひとりものが人前から姿を消して、一年二年ほとぼりをさましにゆくところだった》。そして《上海組は行ったり来たりをくり返して、用あり気な顔をしながら、なにもせず半生を送る人間が多かった。上海の泥水が身に沁みこむと、日本へかえってきても窮屈で落付かないのだ》。

（《》内は『どくろ杯』〈中公文庫〉より引用。以下同様）

その言葉通り、金子自身も三度ほど上海に渡った。その三度目、詩人として行き詰まりを感じ、妻との関係もままならないといった状態だった一九二八年暮れ、幼い子どもを長崎の妻の実家に置いて、現状の打開を試みたのか逃避なのか、妻と二人でやってきた。そ

れから東南アジア、ヨーロッパへと続く彼らの貧乏な長旅が始まるが、上海はその出発点だったのだ。

金子とその妻、森三千代がこの街で過ごした日々が、自分たちと重なった。彼らもまた、夫婦で仕事もない状態で上海にやってきていた。さらにぼくが金子に親近感を覚えたのは自分もまた、文章を書いてなんとか生計を立てようとしていたからだった。

旅をしながら書くという生活を続けるにつれて、これだけでは食べていくのがしんどいという気持ちはぼくにとって実感をともなうものになってきていた。でも、その状態をなんとか上海で打開したいと思っていたし、上海で自分がどこまでできるかが、正直分かれ道だろうという気はしていた。吃音が気にならなくなり、これまで以上に積極的に仕事ができそうな気がする。そして間もなく三十歳になる。ここでできなければ、ライターとしての道は閉ざされてしまうような直感があった。

金子は、自分以上にたくましくも切羽詰まった状態で、ありとあらゆる仕事をやりながらあがいていた。

その彼が描いた上海の猥雑《わいざつ》な空気感は、すでに遠い昔の世界のものだと思っていたが、しかし実際に住み出してみると、その世界がいまなお残っているのを感じ取れた。さらに、金子の住んだ部屋がいまもそのまま残っていることを知り、ぼくはある日、引き込まれるようにそこに向かった。

上海の中心部から少し北に上がった虹口（ホンコウ）。この地区には、金子の時代には多くの日本人が住んでいて、俗に「日本租界」などともいわれていた。賑《にぎ》やかではあるが、洗練された華やかさはなく、雑然とした生活感が漂っている。ちょっと小道に入ると、戦前の匂いを漂わせた古い建物が静かに肩を並べて建っている。

この地区に暮らした日本人には、たとえば詩人・作家の吉行エイスケや、ゾルゲ事件の中心的人物とされる尾崎秀美《ほつみ》などがいる。日本と縁の深い作家・魯迅《ろじん》が住んだ家も近くにあり、日中の知識人たちが通い交流したことで知られる内山書店もまたこのあたりにあった。

そんな虹口で、金子が部屋を借りていたのが「余慶坊（ユーチンファン）」と呼ばれる集合住宅だった。

大きなビルやデパートが立ち並ぶ大通り、四川北路（スーチュアンベイルー）に面した入り口の扉から一歩、余慶坊の中へと足を踏み入れると、百年は変わってないのではないかと思われる風景が目の前に広がった。

格子状の細い道の間に、赤とグレーを基調とした石造りの長屋風の部屋が並んでいる。その一つの前で何をするでもなく立っている老婦人に声をかけると、にこやかに応《こた》えてくれた。真後ろにあるのが彼女の部屋だと知って、中を見せてくれないかと頼んでみる。

「ここに私は夫と二人で住んでるんだよ。どうだい、狭いだろ？」

そう言って彼女は豪快に笑った。開けっ放しになっている入り口のドアから部屋の中を覗いてみると、確かに驚くほど狭い。枕二つが並ぶベッドと、テレビ、コンポ、冷蔵庫があり、残りのスペースも雑多な物で埋まっている。唯一空いた空間にはニット帽をかぶった夫が腰掛けてじっと中国の音楽を聴いていた。部屋の広さはわずか八・五平方メートル、家賃は月一一・九元、一八〇円ほどとのことだった。二人はすでに仕事をやめて年金暮らし。でも、引っ越す金がないというわけではない。

「私たちにはね、やっぱりここが便利なんだよ。病院も近いし、買い物もすぐだし。私は心臓と気管がよくないの。夫は足が悪くて歩くのも大変なんだよ。だからここが一番いいんだよ」

そう言ってまた大きく笑った。二十分ほども話していると、いつしか近所の人たちも加わっていっそう賑やかになっていった。

住人のこんな雰囲気も、きっと金子の時代から変わってないにちがいない。そう思いながら、金子たちが暮らした「一二三号」はどこかと老婦人に尋ねると、建物を一つ挟んだ次の通りにあるという。

《大きなトランクを交代で曳きずって、路地を入ってゆくと、おなじような頑丈な鉄門を閉した家の四五軒目に、石丸りかという標札が出ていた。数年前はじめて二人が来滬（引用者注：滬＝上海）したとき二階を借りた老婆の家であった。鉄錠を二つたたくと、甲高い老婆の声が「へーい。どなたでしゅ」と、まぎれもない長崎なまりで返ってきた》

部屋はいまも確かに残っていた。建物だけでなく、おそらく彼が昔何度も叩いたであろう黒い大きな鉄の扉まで、すべてが当時のままらしい。八十年近くも前にまさに金子が見ていたのと同じ風景が目の前にあるということにうれしくなった。ぼくもその黒い扉を叩いてみると、しばらくして内側から声が聞こえ、ゆっくりと鉄門が開いていった。

不機嫌そうに出てきた中年の男に、そんなこの部屋の背景を簡単に話してみると、

「そんな話はぼくらには関係ないからね！　帰った、帰った！」

と、考えてみると当然なことを言われて追い返されてしまった。できれば中を見たかったので残念だったが、しかし、男の様子はいかにも下町風な気風《きっぷ》のよさがあり、どこか気持ちのいいものだった。

《二階の小部屋は、あまり光の入らない陰湿な部屋であった。火桶をおいてもらっても冷えあがる壁のすみっこから、生きのこった蚊が耳もとでぴいんと鳴いて、手の甲を螫《さ》した。貸夜具を工面してもらって、ふたりは横になった。寝つこうとしてとろとろしていると、部屋のしたで、がらんばちばちと、けたたましい爆音がきこえて、なにごとが起ったかと、私は立ち上がった》

金子の暮らした部屋の前にいると、彼らの当時の生活の中に、自分が入りこんでしまったような気分にもなった。そんな上海に、金子はいつしか、身も心も絡《から》めとられてしまう。

《――どこへでもいい。先へ出発することが先決だ、と私は、じぶんに発破《はっぱ》をかけたが、わるいことには、てこでもうごかない私のようななまけものに、これほど住みいい、気らくなところはまたとないのがわかっていた》

果たして自分たちの上海生活はどうなっていくのか。ぼくたちもあるいは、この町に沈み込むように長く暮らすことになるのだろうか。いや、それはまずい。自分は上海で、なんとかこの先につながる何かを得なければならないのだ。

19

路上の人々

ぼくもモトコもそれぞれに仕事を始めると、日にちは瞬《また》く間に過ぎていった。そのうちにモトコもだいぶ仕事に慣れ、北京などへの泊まりがけの出張にも行くようになる。

モトコが入ったのはイギリス系の食品関係の会社で、入社してしばらくの間は、オフィスにいる日本人はモトコ一人だった。つまり、何も知らないモトコが一人で、中国全土の日系企業を担当するという何やらすごい状況なのだ。同僚はほとんど中国人で社内言語は英語。何をどうしろと誰が教えてくれるわけでもない。いよいよ困り果てて上司に相談すると、モトコはこう言われた。

「とにかく、やるべきことは売ることだ。売ればいいんだ」

なんてざっくりした指示なんやろう……。モトコは途方に暮れたが、もはや自分の思うままに飛び入りで営業していくしかなかった。さすがに右往左往した。それでも、そのうちに少しずつペースがつかめるようになっていった。

社内の雰囲気は、よくいえば自由、悪くいえばいい加減。まずだいたい、出社時間からして完全に各自に任されていたのだ。モトコは概《おおむ》ね朝九時ごろには家を出ていったが、同僚には、昼前に来てみなと一緒にご飯を食べて、今日はやる気が出ないから、と言ってそのまま帰っていく人もいた。それでも、やるべきことをやっていれば何も言われないのである。

そんな会社の中で、モトコにとってもっとも新鮮だったのは、年齢や立場に関係なく、対等にものを言えることだった。女だからどう、ということも一切感じなかった。それは日本のことを思えば、とても居心地のいい職場環境だった。

旅を始めて以来モトコは、果たして自分は元の社会人生活に戻れるのだろうかとときどき不安になると言っていたが、上海で働き出したら、案外すんなりと戻れることも実感できた。「まだもう少し旅をしてたって、日本でもまたやっていけそうやな」。そう思えるようになった。

それ以外にも、働くことで気持ち的に随分と変化があったようだ。

モトコは、ぼくとはつながりのない自分だけの人間関係ができていったことを喜んでいた。「旅する夫についていく妻」という役回りを与えられがちなことにストレスを溜めていたのが、そんなことを思われない、自分を一人の存在として見てくれる友人たちができていったからだ。会社という社会に属することで、彼女は確実に自分の居場所を得ていった。

そうなると、たまにぼくの付属品のように扱われるようなことがあっても、それほど気にならなくなった、と言った。

それはぼくにとってもとてもうれしいことだった。もともと夫についていくというようなタイプではないモトコが、上海に来てやっと彼女らしさを発揮できているような気がしたのだ。モトコは、ぼくとはつながらない別のところで働くことによって、ある意味いま一番自由にこの「遊牧生活」を送れているのかもしれなかった。

一方ぼくは、毎月収入が安定しないながらも徐々に仕事は増え、それなりに忙しい日々を送れるようにはなっていった。原稿を書かせてもらえる日本の雑誌の数も上海に来て以来増えていったし、上海の日本語フリーペーパーでも連載を持つことができるようになった。また週に二、三回は、仕事を終えたあとの夕方に、駐在員の家に行って中高生の家庭教師もやっていた。

減り続けた貯金も少しずつ回復し、上海に来てやっと、ライターを仕事にしていますとある程度胸を張って言えるようになった。

考えてみると自分は、こうして毎日きっちりと働いて過ごす日々を送ったことはこれまでなかった。遅ればせながら、三十歳になろうかというこのころに初めて、自分はいま日々働いているという実感が持てるようになったのだ。

仕事などを通じて友人も増えていったが、同時に街なかにも知り合いができていった。家のビルの近くのスーパーやカフェでは顔見知りができ、会えば一言「ニイハオ！」と挨拶《あいさつ》を交わすようになる。家の近くの路上で饅頭《マントウ》（蒸しパン）に焼肉を挟んだスナックを売るおじさんは、最初こそ無愛想だったが、ぼくが頻繁に行くので、「よっ」とわずかに微笑んでくれるようになった。

毎日町を歩き回って興味の向くままに人と話していくと、上海は少しずつその顔を露《あらわ》にしてくれる。昆明のときに比べて中国語が自由に使えるようになっていたし、何よりも、吃音がなくなりつつあったので、より積極的に人と話せるようになったのが大きかった。

それに中国人は大抵、何を聞いても開けっぴろげに答えてくれるので、取材もしやすかったのだ。

タクシーの運転手たちを取材していたときのこと。行き当たりばったりにタクシーに乗って、十分ほどの間に運転手からそれぞれ話を聞いていくということを繰り返したが、会ってすぐに「月収はいくらですか?」と聞いても、ほとんどいやな顔をされることがない。それどころか、たとえばこんな答えが返ってくる。

「月の稼ぎは三〇〇〇元（約四万五〇〇〇円）ちょっとかな。朝六時から夜十一時ごろまで、一日十七時間ぐらい運転するんだ。あ、でも一日おきにね。ぼくらはみな、一台の車を二人で使ってる。だから月に十五日働くとして、一日の稼ぎは二〇〇元。会社に払う分とガソリン代を引けば、残りはそんなもんさ。よくはないけど、自分には十分だよ。夜中まで働けばもうちょっと稼げるけど、そんなの疲れて危険だしね。第一、妻も働いてるから収入は足りてるんだ。子どもはいないよ。だって面倒じゃないか。あんた、子どもは?

……そうか、日本人か。ぼくの従姉《いとこ》は東京でアクセサリー屋をやってるんだ」

そして向こうも、「ところで、あんたの月収はいくらなんだ?」と聞いてくる。自分も、一般の中国人に比べるとやはり収入は多かったので、少し遠慮して少なめの額を、それでも運転手の倍以上の額を言ってみると、彼はこんなふうに切り返す。

「え？　なんだ、少ないんだな。おれの友だちの日本人は月に五〇万円ぐらいもらうって言ってたぞ。あんたはもっとがんばった方がいいな、はっはっはっ。……お、ここを右ね。うん、じゃあここで」

そんな具合なのだ。

中国人の気さくさは、昆明のころからずっと感じ続けていた。話せば話すほどそのノリに惹《ひ》きつけられ、ぼくはいろんな人生を聞いていった。特に上海の路上には、ふと気にかかる人の姿が無数にあった。

ある日、銀行の前に座っている一人の中年女性の姿が目に入った。疲れ切った表情の彼女の腕の中には、自ら口をきくことも動くこともできなくなってしまった少年が横たわっている。隣には車椅子。足元には、小銭が入った小さなお椀《わん》と事情が書かれた一枚の厚紙。一度通り過ぎたものの、その少年の姿が目に焼きついて、ぼくは戻って話しかけた。

「息子はこの通りです。物乞いする以外にどうやって生活しろっていうんですか？」

身体を硬直させ、目も閉じたままの息子を前に、母親は、絶望と怒りを露《あらわ》にして話し始めた。

「息子はまだ十二歳ですよ。普通に元気だったのに、去年の夏、突然こうなってしまったんです。いい成績をとったご褒美に、夏休みには何も言わず遊ばせていたら、毎日一日中ネットカフェに入り浸るようになって、ある日急に熱を出して……。病院に行きましたが、医者もなす術《すべ》がないまま悪化してこうなってしまったんです。医者は、このまま治らないことも覚悟してくださいって……」

ネットゲームを休みなしにやりすぎて死亡した中国の少年の話は以前聞いたことがあった。目の前にいるこの少年も、まさにその手前の状態にいるのかもしれなかった。突然襲ってきたそんな悲劇は、家族の生活を根本から変えてしまった。

「息子の治療費で家のお金が底をついてしまったんです。私たちは河南省の人間ですが、なんとか息子を治したくて、大きな病院に行くために部屋を売って上海に出てきました。しかし、持ってきたお金も一カ月で尽きてしまい、もうどうすることもできず、こうして路上で心ある人にお金をもらって暮らしているんです」

農村は医療が未発達で病院には頼れない。また都市に出てきても農村出身者は十分な社会保障が受けられないため医療費が莫大《ばくだい》で払えない。それは中国の大きな問題の一つであり、彼らはその犠牲者のようでもあった。

「息子はほんとだったら、今年の六月で小学校を卒業する予定だったんです。どうか、誰か私たちを助けてくれる人を見つけてください」

それから十日ほどした後、その付近で再度彼らを見かけたので声をかけた。「ああ、あなたか」というように頬を緩め、やっと入院先が見つかったと母親は言った。交渉の末に可能な限り安い費用で入院させてもらえることになり、「これで私もなんとか仕事を始められる」と。息子はその横で、やはり眠るように中空を見つめていた。

路上で何かを売る人、または物乞いをしたりしている人に話しかけると、そのほとんどが農村から来た人であることに気づかされる。

賑《にぎ》やかな商業地区の裏道にある廃墟のような建物に入ると、そこにも農村からやってきた出稼ぎ労働者たちが暮らしていた。水色と白の薄汚れた壁に囲まれた部屋には暖房もなく、中では四、五人の男たちが鉄パイプの骨組みのみのベッドの上で毛布にくるまって小さくなっていた。突然入っていったぼくを不審がることもない。

「みなさんここで生活しているのですか?」と聞くと、「ああ、そうだよ」と答えてくれる。話を聞きたいと言うと、みな、嫌な顔ひとつせず快諾してくれた。全員、安徽《あんき》省の出身で、わずかな現金収入を得るためにそこに寝泊まりしながら働いているという(安徽省は上海のすぐ西に位置し、貧しいことで知られる省)。一人が言った。

「セメント工事の仕事をしていて、稼ぎは月に一七〇〇元ほどだ(約二万五〇〇〇円)。一日に八〜十時間ほど働いて、休みはほとんどないよ。部屋代は必要ないけど、食費があるから手元に残るのは約一〇〇〇元だ。それを故郷の農村に送ってるんだ」

上海にはこの当時すでにリニアモーターカーが走り、ディズニーランド建設の話も持ち上がっていた。人口は一七〇〇万人を超えていた。が、そのうち他の地域からの流入者が四〇〇万人にもおよび、上海の貧困層を生み出していた。

中国が抱えるもっとも大きな問題の一つが、農村と都市の格差である。中国には、農村生まれの人と都市生まれの人を区別する戸籍制度というものがある。この制度のため、一般に農村で生まれた人は都会にやってきても医療や教育などの公的なサービスを十分に受けることができない。それでも、農村では現金収入を得る手段が非常に限られるため、多くの農民たちは生活・労働条件が厳しくとも都会に出稼ぎに来なければならないのだ。農村で食べていくだけであれば現金収入がなくともなんとかなる。しかし、子どもを学校に行かすためにはどうしてもお金が必要となる。貧しい生活から抜け出すほとんど唯一の方法が、子どもに教育を与え、都市のいい大学を出させ、安定した仕事に就かせることなのだ。

「子どもが今度試験に受かれば大学生になれる。そしたら学費は年間一万元だ。ここでの稼ぎはそのまま学費になるんだよ」

湿って黒ずんだ掛け布団の置かれたベッドの上に座り、ポケットに手を突っ込んで縮こまりながら、そう一人が苦笑いした。

また別の日のこと。

観光客が集まる外灘沿いの大通りを歩いていると、歩道で男がうつむき加減に座っているのが目についた。黒いセーターを着て、経緯を書いた木の板を両手に持っていた。その前の地面に、わずかな小銭が入った箱が置いてある。男は何かに耐えるように、ただじっとしていた。

男には下半身がなかった。両足が付け根からない。その姿をふと目にして、板に書かれた言葉を読み、箱に小銭を投げ入れていく人は少なくない。小銭が箱の底に当たり、チャリーン、カーンという硬質な音を鳴らす。そのたびに男はうつむいたまま少しだけ頭を動かして、礼を言うような仕草をした。

話しかけると、彼は意外そうな顔をしながらも応じてくれた。注目を集めるのがいやなようで、「向こうに行って話そう」と彼は動き出した。両手を足のように使って下に敷いたダンボールごと、真っ赤な電話ボックスの脇のわずかな隙間に向かってザッザッと動いた。

「山を切り開く工事の仕事をしていたときに石が落ちてきて両足をやられたんだ。故郷の村にいれば政府が毎月一〇〇元（約一五〇〇円）くれることになったのだけれど、それで足りるわけがないんだ。両親はともに死んだし、村に頼れるものもいない。だから一人で上海にやってきた。来たばかりで、とりあえずこうしてるけれど、これで一日四〇元ぐらいは稼げるからなんとか食いつなぐことはできる。夜は地下道で寝ているよ。仕事っていっても、おれには何も技術はないし、まずは義足を買わなきゃ仕事もできない。でも義足は五万元ぐらいするらしいんだ……」

自分の意識が向かう路上の人々は、まるで上海という輝かしい光とともに生じる影のようだった。その影に光を当てると、そこにはいつも、苦悩し必死に生き場を探す人間の姿が浮かび上がってくる。

その一人ひとりに、並々ならぬたくましさを感じた。みな、人生は苦しい、でも誰も助けちゃくれない、自分でなんとかしなければならないんだという「覚悟」のようなものがあるように見えた。それはきっと制度やシステムが整っていない国だからこそ人々がそれぞれ身につけざるをえない生きる術なのではないかと思えた。

彼らのたくましさを前にして、ふと日本社会の負の部分が見えてくる気がした。自分たちは、あまりにもシステムが整いすぎているばかりに、何か問題が起きたときにその原因をシステムの不備にばかり求めすぎてはいないだろうか。発展を続けるにつれて、何もかもを人のせいにする社会になってはいないだろうか。

無論、中国のように社会的弱者にとって厳しい社会は、決してよくできた社会とはいえない。特にその負の面は、路上では浮き彫りになる。自分自身でなんとか生き抜こうとするたくましさと、弱者として排除されてしまった彼らのやるせない境遇の両面が見える。日本は、良い面も悪い面も、まさに中国の対極にあるようだった。

地下鉄の駅から地上に上がってきた一人の男に話しかけた。彼は左足が不自由で引きずるようにしていた。白地にグレーのチェックが入ったネルシャツの下で背中が大きく盛り上がっていた。豊かなひげと彫りの深い顔が印象的だった。

足と背中は、幼いころに病気でそうなった。物乞いをして一日に稼げるのは七、八元(百数十円)でしかないが、それでも現金が手に入り、なんでもある上海での生活は、江蘇省の農村での毎日よりはマシなんだ、と言った。ただ、寂しい。

「自分のような人間と交流してくれる人なんているわけがないよ」

いつか路上で小物を売る仕事をしたいという彼は、何を聞いても笑顔で答えてくれた。

ただ、自分の名前だけは決して口にしようとはしなかった。

そんな路上の一人ひとりの顔が、ぼくにとっての上海だった。

20

格闘家武田さんの夢に重ねた、自分

路上で出会ったさまざまな人生は、いつも自分の生き方を考えさせるきっかけを与えてくれた。不遇な日々の中で必死に生きる人々と話すたびに、日本からやってきて通貨の強さに頼って優雅に過ごしながら、話を聞いて回って記事を書いている自分はなんなんだろう、という後ろめたさを少なからず感じた。自分はライターだということを言い、話を聞かせてください、と頼む。そのとき多くの人は、「ああ、いいよ」と、気さくに話してくれるものの、ときにふと、冷ややかな視線を感じるときがあった。

「あんたはいいよな、裕福な日本人で、おれのことを書いてたくさんお金をもらっているんだろう」

と。その日その日をなんとか生き延びているという状況の人からの自分へのそんな視線を真正面から受け止めて、それでも堂々としているだけの覚悟を自分はなかなか持てなかった。

人に話を聞いて書くことが仕事になり、それによって自分の生活が成り立っていることは紛れもない事実だ。自分なりの大義名分はあるにはあった。しかし、「なぜあなたは私のことを書くのか」と問われたとすれば、それに対してぼくは、相手が十分に納得するだろう答えを持ちえていなかった。多かれ少なかれ結局自分は食うために書いているんだということに自覚的にならなければいけないと思った。廃墟に住む労働者たちが生きるために働くように、ぼくも自分が食うためにこうして話を聞いて回っている。あるいはそう正直に言った方が、妙な大義名分をかざすより、相手にはわかってもらえたのかもしれない。

その一方で、自分にはいまだ十分なプロ意識がないことも感じていた。日本を出たばかりのころに比べると仕事量は随分増えてはいたが、それでもぼくは、取材して書くという行為自体に依然慣れることができずにいた。三十歳になってなお、自分の仕事に対して自覚的になれない自分自身に嫌気がさすときもあった。

そんなときに、一人の同世代の日本人に出会った。ある日本語のフリーペーパーに彼の話が載っていたのを読んだとき、会ってみたいと思った。それは武田雪馬《せつま》という名の、上海で活動する格闘家だった。上海で何かをつかもうと奮闘しているらしい同年代の日本人の姿が、気になった。

早速連絡を取り、ある日、練習場所となっている彼の自宅マンションに向かった。古い建物の一四階の武田さんの部屋に入ると、一〇畳ほどのリビングには薄いマットが敷き詰められ、そこで五人の男たちが練習をしている。むっとする熱気と、すえた汗の臭いの中で彼らは組み合い、技をかけ合う。青の胴衣を着た武田さんは、彼らに、日本語、英語、中国語の三カ国語を器用に使い分けながら、丁寧に技のかけ方などを教えていた。男たちの国籍はバラバラなようだった。

練習が一段落して声をかけると、

「こんにちは、よろしくお願いします。ゆっくり見ていってください」

と丁寧な言葉が返ってきた。整った顔と引き締まった身体、物腰の穏やかさと陽気さ、そして多少の神経質さと強そうな意志を併せ持ったような様子が印象的だった。

自宅を仕事場に、自分のスキルと身体一つで生きているらしいことが、その練習を見ているだけで伝わってきた。そのたくましい生活の仕方にぼくは惹《ひ》かれた。それから、何度も足を運び、練習を見て、話を聞いていった。

名古屋出身の武田さんは、もともと、中国語やメディアの勉強のために留学生として上海に来た。これからはやはり中国だ、というおそらく多くの留学生と同じ気持ちで中国に来た一人だったのだろう。ところがそれから八年がたっていたそのころ、彼は完全に格闘技の世界にいた。

長年空手をやってきた武田さんは、中国でブラジリアン柔術と出合い、その強さに惹かれ、練習を積んでいった。寝技主体のこの格闘技は、彼にとって新しいものだったが、数年後には、自宅を使っての柔術の道場「ALIVE上海」を立ち上げるまでに至った。最初はテコンドーの道場を借りて練習場にしたりもした。また、日系のスポーツ関係の会社で空手指導の仕事も得ることで、生活するには十分な収入を得ることができるようになっていった。いつしか彼は、ここ上海で、格闘技によって食えるようになっていたのだ。

格闘技を仕事にするに当たっては、やむにやまれぬ事情もあった。

「お金がなくなってきたんです。食べ物もまともに食べられない状況にもなって、でも自分は身体をずっと鍛えていたから、一日を卵だけ食べて過ごすなんていうときもありました。なんとか金を稼がないといけない、自分に何ができるのかって考えたとき、格闘技だ、って思ったんです」

武田さんは中学時代から空手を始め、高校時代からは空手道場に通って本格的に習い始めた。幼いころはスポーツはまったく苦手でむしろ勉強の方が得意だったぐらいだし、中学時代には学校の寮で集団リンチを受けたこともあるという。決してもともと強かったわけではない。だが、そこから地道に蓄積していった力が、上海で彼に生きる手段を与えていた。ぼくが訪れたころには、すでに彼の道場にはアジア人から欧米人まで三〇人程度の練習生がいた。

上海は、武田さんが自分の道を開拓するには格好の場所だったのかもしれない。日本ほど格闘技は浸透してはいないものの、いろんな文化や人が共存する中で道場の需要は十分にあった。それに、日本に比べて物価が高くなく、制度的にも日本ほどうるさくないのは、新しいことを始めるには絶好の環境だ。武田さんが道場を始めるために必要だった資金は、設備を作るための五万円ほどだけだったという。

武田さんは日々道場で人を教えつつ、いつか中国で、日本の「PRIDE」のような大きな総合格闘技イベントを開催したいという夢を持っていた。

彼は当時すでに上海のバーなどで格闘技イベントを主催してもいた。狭い空間に多国籍な選手が集まって戦う。それを多くの観客が囲み、熱狂する。バーは「ファイトクラブ」のような場に一変する。彼はその空間を、いつか、より大きな舞台へと移すことを夢見ていた。

その一方、彼には、自分自身もプロの格闘家として力を試してみたい、つまり選手としても活動を広げたいという気持ちがあった。選手としての夢の実現は、いまが最後のチャンスかもしれない。彼にはそんな焦りのような気持ちもあったようだ。

「中国でも総合格闘技が少しずつ浸透し始めているとはいえ、実際に大きなイベントが開催できるまでには、まだ三年はかかると思います。それまで上海でただ待っているだけじゃしょうがないですよね。だから、その間に格闘家としての自分の力を試すために、来年の初めには日本に帰って、本格的にトレーニングを始めようと思ってるんです。いま、二十八歳。まだまだ身体は動くし、体力的には十分いけると思います。できるうちにどうしても挑戦したいんです」

そんな彼の姿にぼくが強く感じるものがあったのは、ぼく自身がそのとき、自分の生き方、ライターとしてのありように悩み、もがいていたからなのだろう。

このとき、すなわち上海の生活も半年以上がたっていたとき、すでにぼくにとって旅して暮らすということは、今後自分がどうやって生きていきたいのかを考えるということでもあった。少しずつ旅の終わりすらも意識し出していた。

上海で旅を終えようとは考えてはいなかったし、いつ帰ると決めたわけでもないものの、オーストラリアや東南アジアにいたころとも昆明にいたころとも異なる、ああ、この旅は完全に後半戦に入ってしまったんだという感覚があった。だからかもしれない、ぼくには、いまなんとかしないといけないという強い感触があった。上海でなんとか、自分がこれから文筆業でやっていくための道筋を作り上げなければならないと強く思っていた。

上海に来て、自分がライターとして新たな段階に入っていたことは確かだった。といってもそれは、やっとスタートラインに立てたというような程度で、まだ何ひとつ満足な仕事ができていたわけではなかった。駆け出しも駆け出しだった。そしてやればやるほど、自分にはライターとしてやっていくための何かが決定的に足りないような気もするようになっていた。

でも、このまま終わるわけにはいかない——。武田さんがここ上海で大きな飛躍を目指す姿を見ながら、ぼく自身もなんとか現状を打開したいという気持ちがあったのだ。

ぼくは総合格闘技についてほとんど何も知らないまま、武田さんの練習をたびたび見学に行った。またネットの動画で、魔裟斗《まさと》や山本〝KID〟徳郁《のりふみ》といった格闘家の試合を夢中になって見るようになった。そしていつしか、リングに上がって戦う武田さんの姿を見たいと思うようになっていた。

十月末、いつものように武田さんの練習を見に行くと、彼がこう言った。

「試合が決まったんですよ。十二月二十二日に北京で。CCTV5（中国中央電視台のスポーツチャンネル）で放送もされるんです」

その大会「英雄榜 ART OF WAR」は、中国で最初の本格的な総合格闘技イベントだという。四回目となる今回、ついに、テレビで中国全土に放映されるまでのイベントになった。いま中国で出場できる大会としては、もっとも大きいものにちがいなかった。

いつも通りの穏やかな口調ながらも、武田さんはとても快活な様子に見えた。

その日は、スポーツジムのリングを使っての練習だったが、リング内の武田さんの青い胴衣の隙間からは、胸と腹の筋肉の鋭い切れ目を伝って大量の汗が流れ落ちているのが見えた。いつもの風景だったが、そのときはその水滴が彼の内から湧き出す熱い闘志のように思えた。その瞬間ぼくは思った。是非北京へ、試合を見に行きたい、と。この試合から、彼の新たな挑戦が始まるのだから——。

試合の三日前、十二月十九日。ぼくは北京行きの寝台列車に乗った。中国に二年近く滞在していながら、北京に行くのは初めてのことだった。すでに季節はすっかり冬。北京の寒さはきっとハンパじゃないはずだ。その寒さを想像しながら、駅を発《た》つ列車から外を眺めた。駅には大量の荷物を抱えた農村の人らしき姿が無数にあった。大都市の玄関口となる駅には数知れない物語があり、それを内に抱え込んで、列車は十九時過ぎに上海を出た。

この日乗ったのは、乗り慣れた「硬臥（インウォー、二等寝台）」ではなく、「軟臥（ルアンウォー、一等寝台）」。床に絨毯《じゅうたん》まで敷かれた個室の空間は思っていた以上に快適だった。四人用のその個室には二人の西洋人とぼく、そして武田さんが乗っていた。

試合が決まってから一カ月半ほどの試合用のトレーニングで、武田さんは明らかに身体が変わったと自信をみなぎらせていた。列車に揺られながらこんなことも言った。

「何かにきっぱりと白黒つけることって、生きている中でそれほど多くはありませんよね。だから、明確な勝ち負けのある試合を戦うってことは、いい経験だと思うんですよ」

ぼくは武田さんの言う「白黒」を、彼の今後に結びつけて考えた。この試合の結果が、彼のこれからを決めるのだろう、と。「勝って得られるものは次の試合の出場権、負けて失うものもまた同じ」だと武田さんは言っていた。だが、彼にとっては明らかにそれ以上のものがこの試合に懸かっているように思えた。

中国で注目されているこの大会で勝てば、その向こうに続く道がきっと見えてくるはずだ。しかし、負けた場合には……。

ただそんなことよりも武田さんはとにかく目の前の試合にだけ集中して、勝利への確信を強めていっているようだった。

「出発までは雑用が多くて大変だったんです。身体検査を受けないといけないことも直前になってわかって、じつは今日受けてきたんです。そんなこともあったから、電車に乗って出発して、やっとほっとできましたよ」

疲れもあったのか、武田さんはその夜、いつになく深い眠りについたようだった。


翌朝、北京に着いた。選手の集まるホテルに行き、チェックイン。ホテルの中は、選手や主催者がすでに大勢いた。その中にいたイベント主催者の中国系アメリカ人アンディは、武田さんを見ると「ヘイ!」とにこやかに近づいてきた。そして武田さんに冗談とも本気ともつかぬ調子で、こう言った。

「できれば柔術らしい寝技で勝ってくれよ。三角絞めとか、腕十字（腕ひしぎ十字固め）とか」

その言葉の背景には中国の格闘技が打撃中心であるという事情があった。打撃中心の中国で総合格闘技を浸透させるためには、柔術、すなわち寝技の強さを知らしめることが大切なのだ。だから、このイベントの全一五試合の出場選手の多くが「散打（サンダ）」などの打撃系格闘技出身であるなか、柔術を本格的にやってきた武田さんの存在は貴重なのだった。

北京での二日間は、写真撮影やミーティングなどが続き、その合間をぬって、武田さんは試合に向けた最後の調整に取り組んだ。

十二月の北京は軽く零下となり、寒さに慣れていないぼくにとっては、持ってきた服をすべて着てもまだ寒いほどだった。それでも、会場となる「奥林匹克（オリンピック）体育中心」に出向き、準備風景やリハーサルを眺めていると、寒さのことなどはすっかり忘れてしまうほど、気持ちは盛り上がっていった。

そしてすぐに、試合当日がやってきた。

21

毛沢東、そして戦いの果てに

武田さんの試合当日の朝のこと――。

北京に初めて来たということもあって、ぼくは午前中のあいた時間に、ある場所を訪れることにした。天安門広場の前にある「毛主席紀念堂」。毛沢東の遺体が保存されて眠っているという場所だ。昆明にいたころ、毛沢東の主治医・李志綏（リ・チスイ）が書いた『毛沢東の私生活』という本を読み、いつか来てみたいと思っていたのだ。

その本の中で李は、二十二年間ほとんど毎日を毛沢東とともに暮らした彼だからこそ描きえた毛沢東の実像を赤裸々《せきらら》に書いた。彼の毛沢東に対する尊敬と賛美が、絶望と苦悩へ変わっていく過程が克明に描かれている。そして李は、本が発売された三カ月後に、アメリカ・シカゴの自宅浴室で遺体となって発見される（診断は心臓発作）。「もし私が殺されてもこの本は生き続ける」という言葉を著者は残したというが、その通り、命を懸けて書かれた本にちがいなかった。

地下鉄を降りると目の前には、天安門広場そして毛主席紀念堂があった。天安門広場を見たのもこれが初めてのことだった。だだっ広い殺風景な空間の北側に赤い天安門が見え、その中央に毛沢東の肖像画がある。その両隣には、大きな文字が並んでいる。

「中華人民共和国万歳」「世界人民大団結万歳」

寒くきれいに晴れ渡った青空の下に、天安門の赤い壁がとてもくっきりとその輪郭を見せていた。この巨大な中華人民共和国は、この場所から幕を開けたのだ。

一九四九年十月一日、この場所で建国の式典が行われたが、主治医である李も最前列の座席に参列していた。何万という旗が林立し風になびくなか、群衆がスローガンを叫び、革命歌が斉唱されるなかで、毛沢東が現れる。このとき李にとって毛沢東は英雄であり、救世主であった。

《毛沢東が一身に注目を集めていた。態度に威厳とひかえめな節度があり、傲慢さなど毛《け》ほどもなかった。（中略）毛沢東は、真に人をひきつける魅力があった。標準語の北京官話を使わなかったが、北京官話の常用者には毛の出身地である湖南方言が容易に理解できたし、リズムも抑揚も聞く者に快かった。声はソフトで軽快といってよく、しかも話し方は人を釘づけにしないではおかなかった。「中国の人民は立ちあがったのです」と、毛沢東は宣言した。群衆は狂喜してとどろくような拍手をしながら、「中華人民共和国万歳！」「中国共産党万歳！」とくり返し絶叫する。私はうれしさのあまり、心臓が喉もとから飛びだしそうになった。涙がこみあげてきた》

（『毛沢東の私生活　上』〈文春文庫〉より。以下同様）

天安門を前に、自分も当時の熱狂を想像してみた。そしてそれから四十年後、その期待と熱狂が失望と怒りに変わり爆発した天安門事件の映像を思い浮かべた。

毛沢東は、死後もこの広場で起きた数々の出来事を直視するかのように、そのすぐ南で眠っている。

毛主席紀念堂へは、荷物を預けて四列縦隊に並んで入っていくことになっていた。「よし、入っていいぞ」という警備員の合図とともに、観光客みなで一斉に行進しながら敷地内へ入る。歩きながら、遠くから係員の諸注意、歩き方の指導の声が響く。軍隊に入った気分でその声に従って途中で一斉に止まると、目の前には花屋さんがあった。

「毛主席に敬意を表して献花した方がよい。だから、ここで花を買ったらどうか。一本三元だ」とすすめられる。三分の一ぐらいの人が列から離れて花屋へ走った。

「よし、そろそろ進みなさい」と号令がかかると、花を買いに走った人は急いで列に戻り、また行進が始まる。階段を上がり、案内書を買って中に入ると、大きな毛主席の像。献花する人はここで行う。再びみなが列に戻るといよいよ毛沢東が眠る部屋に入った。足を止めてはいけないという。

部屋に入ると、左手はガラスの壁で、その向こうの壁には大きく、

「我々の偉大な指導者は永遠に不朽だ」

という意味の言葉が書かれていた。その下には二人の兵士。

その空間とぼくら観光客とはガラスの壁で仕切られ、ぼくたちは、時間が凍りついたようなそのガラスの向こうを横目で眺めながらさっと歩き抜けなければならなかった。

毛沢東は、ガラスの壁の向こうで、しかもさらにガラスのケースの中に入っている。距離は、五メートルはあっただろう。いや、もっとか。そのため細部はわからない。ただ確かに毛沢東の顔をしているということはわかる。とてもこぢんまりとして見えた。写真で

見る大柄なイメージはそこにはない。その小ささは、実際の遺体としてのリアリティがあるようにも思えた。

ただ、顔はどうもきれいに整いすぎている。蠟人形だったとしてもまったく見分けはつかないだろう。それが実物かどうかなど誰も問いただすことができないとすれば、もはや苦労して遺体を保存し続ける必要はなく、本当に蠟人形であると考える方が合理的な気もした。

目の前の毛沢東の姿を見ながら、この身体の保存に関わった主治医の李の記述を思い出した。あの本の冒頭は、毛沢東が死んですぐにその遺体の永久保存を命じられた著者が、必死に手を尽くすところから始まるのだ。李は、唯一の方法と思われたホルムアルデヒドの注入を極度の重圧の中で進めることになる。

《私はホルムアルデヒド注入の開始を命じた。私たちは合計二十二リットル、学術雑誌に述べてあるより六リットル多く死体に注入した。量を多くすれば、さらに永久保存の保証が補強されるだろうと願ったのである。作業は数時間かかった。完了したのは朝の十時頃だった。

結果は衝撃的だった。毛沢東の顔面は球体のようにまるく膨張し、首筋はいまや頭部ぐらいの大きさにふくらんでいた。皮膚は光沢をはなち、ホルムアルデヒドが毛穴から汗のように滲みだしていた。耳もまたふくれあがり、頭部から直角につき出ている。死体は醜怪だった。警備兵や服務員たちは胆をつぶした》

その後、なんとかその深刻な変容をごまかす手立てを探るが、同時に蠟人形の毛沢東が作られていたことも李は書いている。

ホルムアルデヒドで「永久保存」された毛と、蠟人形の毛。

その「二人の毛沢東」は、一年にわたってある病院に置かれ、李はそれを週に一度点検した。その翌年にこの毛主席紀念堂が完成すると、その地下の巨大な納体室に移されたという。

いま目の前に現れた毛沢東はどちらの毛なのか。それはおそらく決して明かされることはない。しかし、もはやそれはどちらでもいいのだ。

それが蠟人形であってもなくても、明らかに劇的に手を加えられた状態で衆目にさらされ続けてきた毛沢東の身体は、それ自身が、「不朽」などありえないことをもっとも如実に表していた。この毛沢東に潜《ひそ》む矛盾こそ、いまの中国を象徴しているように思えた。

中国はまさに、矛盾の塊《かたまり》のような国にぼくには映った。社会主義と市場経済を同居させた体制からしてそのようにも見えるし、実際に生活してみると、本当にあらゆるレベルで矛盾だらけだということに気づかされる。その一方、この国の規模や複雑さを考えたとき、矛盾なく治めることなど不可能であろうことも実感できた。

この国の人たちは、そんな矛盾の中でもがきながらも、たくましく力強く生きていた。いや、むしろ大きな矛盾があるからこそ、彼らはそれを跳ね返して生き抜く強烈なエネルギーを発しているようにすら見えるのだ。五〇を超える民族の一三億の人間によってなる中国という国の計り知れない力になっているものは、そうした矛盾なのかもしれない。

中国の、力も、魅力も、問題も、この矛盾そのものの中に潜んでいるといえるような気もする。ただ、何かをきっかけに、その矛盾が一気に破綻にまで発展するのではないかという危うさは常に感じる。だからこそ、中国が今後どうなっていくのかは誰にもわからないのだろう。

北京で眠り続ける毛沢東は、いまの中国をどう見ているのだろうか。巨大な矛盾とエネルギーを、彼だったらどう処理するのであろうか。

彼は、いつまでもこの場所から、自分のつくった国の行方を見守り続けるだろう。ただ、ふと思う。もし中国がこの矛盾を完全に払拭するような道に進むとしたら、そのときはもう毛沢東はここにはいないのかもしれないな、と。

横たわる毛沢東の姿を目に焼きつけ、そんなことをあだこうだと思っているころ、武田さんたちは朝からダラダラと続くリハーサルに時間をとられていた。

リハーサルののち、武田さんは一人で集中を高める時間に入った。ぼくは再び試合会場にまで戻り、外の寒さから逃げるように会場のそばの食堂で時間をつぶしたりしたが、すぐに試合の時間は迫ってきた。

試合が始まる前から、ぼくはリングサイドでカメラを構えていた。記者・カメラマン用のパスをもらうことができ、自由にリングの周りを動き回ることが許可されることになっていた。ぼくにとってそれは初めての経験であり、会場が盛り上がる興奮とともに自分自身の気持ちも高ぶっていった。

会場はそれほど大きくはないものの、用意された六〇〇の観客席のチケットは完売し、熱気に満ちていた。ライトが落とされ真っ暗になったその空間の中で、リングの上だけが強烈な白い光によって照らされ、リングの正面、左右、上からはいくつものテレビカメラが取り囲んでいた。この大会を中国全土にテレビ放映し、中国ではまだ知名度の低い総合格闘技を全国に広めようとする主催者の意気込みが伝わってきた。

いよいよ始まった。

試合は次々に行われていく。ぼくは一つのコーナーの下で、他のカメラマンたちとともに、ときに肉眼で、ときにファインダー越しに大会の行方を見守った。

選手の力にばらつきがあり、大会自体がまだ黎明期《れいめい》であることを感じもしたが、打撃出身の選手が繰り出すパンチやキックの音が歓声とともに激しく響き渡ると、中国の武術の底知れぬ可能性を感じた。

武田さんが登場したのは一二番目の試合だった。カーキのパンツに、赤いグローブを身につけた彼は、この大会唯一の外国人選手。一方、青いグローブの対戦相手、盧学斌（ルー・シュエビン）は、白の長いパンツ姿がまさに中国武術の名手の雰囲気だった。散打のみならずテコンドーもやっているらしく、小柄だが動きにスピードと迫力があった。

試合開始直後から、武田さんは軽快に動き回りながら、小刻みにパンチとキックを出した。それに対して盧は、武田さんの動きを見つつ素早く踏み込んで、さまざまな角度から手と足を出す。盧の速く大きなケリが、何度か宙を切った。

武田さんは、得意の寝技に持ち込めるチャンスを見計らっていた。盧はおそらく、組むことなく打撃で勝負をつけたいと思っていた。

観客はときに静まり、ときにわっと沸く。互いに相手を挑発すると会場は一気に盛り上がる。彼ら二人の動きが、会場全体の空気を支配していた。

動きがあったのは、試合開始から間もなく二分というときのことだった。近距離から攻撃を仕掛けてきた盧の身体を、武田さんはがっちりと両腕で押さえることに成功した。

盧とともに倒れ込み、盧の腰に足をかけ、少しずつ得意な体勢へと形を整えていく。盧はその体勢をなんとか崩して抜け出そうと試みるが、武田さんは腰にかけた足を一気に盧の上半身にかけ直し、見事に寝技に持ち込んでいく。次の瞬間には、必死にもがく盧に、腕十字がきれいに決まっていた。

間もなく、盧はロープ際で苦しげにタップした。手で相手の身体やマットなどを叩くギブアップの合図だ。それに気づいた武田さんは、技を外して飛び上がり、両手を上げて喜んだ。「やった、勝ったんだ!」と。そしてリング上を軽快に飛び跳ねた。

しかし、武田さんにも相手の盧にとっても、会場の誰にとってもまったく意外なことが起きた。なんとレフェリーが、試合続行を告げたのだ。レフェリーが盧のタップを見逃してしまったらしいのだ。

「ウェイシェンマ!?(どうして!?)」

KORAL

両手を大きく開いて中国語でそう叫ぶ武田さんの声が、場内に響き渡った。だが抗議が容《い》れられることはなく、試合は再開された。なんで？　と納得のいかない顔をしながらも、武田さんは頭を切り替えるしかなかったが、動揺は隠せなかった。

なぜレフェリーはタップを見逃したのか。ただ見逃してしまったのか、それともこれぞアウェイということなのか。場内に湧き上がる歓声とざわめきのなか、武田さん、そして自分たち数人だけがこの会場にいる日本人なのであろうことが急に意識に上った。

その余波がまだ会場全体に残っているときのこと。

盧の強烈な右ローキックが武田さんを襲った。その衝撃で武田さんがバランスを崩した瞬間を、打撃の名手である盧は逃さなかった。盧はさらに、顔面に左フックを打ち込み、武田さんは一気にマットに倒されてしまった。

観客席は「オオーッ！」と激しく沸いた。

それは盧にとってあまりにもできすぎた展開だった。ピンチからの奇跡の脱出、そして反撃――。逆に武田さんにとっては最悪の展開にちがいなかった。

「やばいかもしれない」

盧の攻撃は効き、武田さんに一瞬そんな気持ちが走った。

リングサイドでロープの間から二人の戦いを見ていたぼくも、この展開に不吉さを感じた。この流れはいやだな、と軽く腹部に痛みを覚えるような不安な気持ちが走った。自分が昔からこういう場面にめっぽう弱いことを否応なく思い出す。ぼくは「やばい」と思ってしまうと、いつもそのまま転がり落ちていくタイプなのだ。

リング上にいるのが自分だったらどうするだろうか、何ができるだろうか。自分だったら、そのままずるずると行ってしまうのではないだろうか……そんな気持ちにもなっていた。

でも、だからこそ、もし自分がこの場面を切り抜けることができたなら、その先にはこれまで見えなかったものが見えるのかもしれない。いま自分に必要なのは、きっとこういう場面を乗り越えることなのではないのか……。

ぼくは試合を見ながらいつの間にか、リング上の武田さんに自分自身を重ねていたのだ。

武田さんは試合を、「白黒つける場だ」と言った。ぼくは、武田さんを練習から見るなかで、おそらく自分にも通じるある種の繊細さを彼の中に垣間見ていた。同時に、それをコントロールして戦える強さを武田さんが持ち合わせているように感じていた。あるいは武田さんも、格闘技を通じて、自分を変えたいと思っていたのかもしれない。そして彼は実際に変わってきていたはずだった。

そんなことを瞬間的に、考えるのではなく身体で感じながら、ぼくはリング上の二人に向けてシャッター音を響かせ続けた。

するとすぐに試合は次の展開を迎えた。

武田さんが倒された直後に盧は、仰向けになっている武田さんへキックを放とうとした。が、武田さんは不利な体勢ながらも盧のキックを腕でとらえることに成功した。そのまま、両足を一気に盧の背中に回して身体を押さえ、逆に自分の方に引き寄せた。

盧が至近距離から必死に繰り出すパンチは、何度も武田さんの顔面に当たっているように見えた。しかし武田さんは足の力を緩めることなく、さらには両腕を盧の首の後ろに回して、引き倒していった。間もなく、武田さんがその場を完全に支配していることが明らかになっていった。

武田さんは、落ち着いて足を盧の首にかけ、二度目の勝利に向けて三角絞めの形を整えていく。絞め上げられた盧はいつしか、攻撃する術《すべ》も逃げる術もなくしていた。

今度はレフェリーも、苦しむ盧の最後を見逃すことはなかった。武田さんは文句なしの勝利を収め、今度こそ、試合は終わったのだった。

完璧な勝利だった。武田さんがリングの外に向かって大きな笑顔で手を振る姿には、たったいま「白黒」をつけることに成功した一人の男の充実感がみなぎっていた。

ぼくはその彼の姿に向けて何度もシャッターを切りながら、自分自身も、一つの壁を打ち破ったような気持ちになっていた。

その後、武田さんたちとともに繁華街のロシア料理屋に行った。照明を抑えた店内には緑と赤と金色の装飾がなされていた。それを見て、明後日がクリスマスイブであることを思い出した。今年ももう終わろうとしているのだ。

「乾杯！　おめでとう！」

試合前、緊張感に満ちていた武田さんの顔は、すっかり穏やかなものに変わっていた。

「うれしいというより、とにかくホッとしました」

そう武田さんは優しい表情で話し、ぼくやセコンドについた友人たちとともに五人で、賑《にぎ》やかに勝利を祝った。

これできっと武田さんにとって、格闘家としての道が一つ切り開かれたはずだった。一試合に「白黒」つけただけで何かが大きく変わるわけではないのかもしれない。それでも、一試合一試合、勝利を積み上げていくしかないこの世界において、確かな一歩であることにはちがいなかった。

その夜、勝利の喜びを存分に味わう武田さんを見ながら、ぼくは、自分にとっての「白黒」について考えていた。

自分には、武田さんの試合のように明確に「白黒」つけられる場があるわけではない。だけど少なくとも、この旅の日々が自分にとって何かではあると思えるようになっていた。この旅の中で、ぼくもモトコも、確かに変わってきていた。「白黒」という問題ではないかもしれないけれど、とにかくぼくにとってはこの旅の日々をどう生きるかこそが一つの勝負なのだと確信した。

*

試合の翌日、二〇〇六年十二月二十三日の夜。

ぼくは、武田さんとセコンドについた二人と四人で、北京から夜行列車で上海に戻ろうとしていた。武田さんの勝利の余韻はまだ続いていて、むさくるしい男四人ながらも、楽しげな気分で駅に向かっていた。

しかし、北京駅の入り口で事件は起きた。

駅構内に入るには切符を見せる必要があるため、財布の中から取り出したときのこと。車内用に買い込んだ食料が入ったビニール袋とともに切符を持つ手を右から左に変えようとすると、なぜか手にあった切符がなくなっていたのだ。

「あれ、切符がない。いま持ってたのに……」

地面に落としたのか、手に持っていたビニール袋の中にでも紛れ込んでしまったのか。ぼくはもう一度丁寧に、身の回りを探してみた。

だがいくら探しても見当たらない。ポケットの中にも財布の中にも、やはりなかった。ほんの数分前は手に持っていたのに、なぜか完全に姿を消してしまっていたのだ。

「やべえ、マジでない……」

はっと思った。

ひょっとすると、取り出してから数秒間の一瞬の隙にすられてしまったのだろうか。まさか、と思いつつも、そうでも考えないと説明がつかなそうだった。

発車まで、時間もなかった。「マジでないんですか……。どうしましょうか……」と武田さんら三人が、さっきまでの陽気な顔を一変させて心配そうに見守る。いずれにしても三人もホームまで急がないと間に合わない時間だった。

「こいつはまずい……どうしよう」と思いながら、「とりあえず中まで行こう」と、ぼくも三人と一緒に、足早に駅構内に向かった。

すると駅の入り口に空港と同じような荷物検査用のベルトコンベアがあり、そこに自分の荷物を置こうとしたとき、ぼくはさらなるへまをやらかしてしまった。マクドナルドで買ったセットのコーラを、ベルトコンベアの上にドバーッとこぼしてしまったのだ。

「あちゃ！」と思ったときにはもう遅く、ベルトに載っていた前の鞄に、泡を含んだ黒い液体が一気に襲いかかった。切符のことで頭がいっぱいだったぼくには、まさに泣きっ面に蜂だった。

「おい！　どうしてくれるんだ！」

ベルトに載って逆から出てきた鞄を見て、持ち主のおじさんが当然のごとく激怒した。一〇〇パーセント自分が悪かったので、「対不起、対不起！（ドゥイブチー！）」と、とにかく必死に謝った。でも彼の怒りはまったく収まりそうにない。気づいたら周囲に人だかりができ、その中から一人、血の気の多そうな大柄な男が「オラ、オラ、お前、なんてことをしたんだ！」と突っかかってくるではないか。そして、武田さんらも巻き込んで一触即発の激しい言い合いとなっていった。

結局、「おい、何やってんだ！」と近くの警官が割って入り血気盛んな男を制し、ぼくがおじさんにひたすら謝ることで事なきを得たが、このわずかな時間に自分がしでかした二つの失敗に、ぼくはもうわけがわからなくなっていた。

気がつくと発車までもう本当に時間がなくなっていた。

ベルトコンベアの先はもう切符なしでは入れない。武田さんらは申し訳なさそうにしていたが、もちろん行ってもらうしかない。

「おれはなんとか帰るから、もう行きなよ、時間やばくない？」

「すみません……。じゃ、行きますね」

「また上海で！」

十分前まで自分も乗り込むはずだった電車へ向かう三人を、ぼくは呆然《ぼうぜん》としながら見送った。時折心配そうにこっちを振り返ってくれる三人は、瞬《また》く間に駅構内の奥の方へと消えていった。まったくどうなってんだ、この展開は……。


しかし、意気消沈していても解決はしない。いや、こういう先の読めなさこそが、中国なんじゃないか、と思い直した。もういいかげん、自分もこんなことには慣れているはずだった。自分は学んできたんじゃなかったか、この国では、窮地に陥っても常になんとかなることを。そう、武田さんもピンチを一気に切り抜けたし、ぼくの吃音も治ったのだ。それに、あのワイルド病院でもポリープはちゃんと取れたではないか。

今回もきっと何かあるはずだ。切符はもう売り切れているに決まっている。でも、どうにかして手に入れる方法があるにちがいなかった。落ち着け、落ち着け——。

ぼくは、再び北京駅の外に出た。ベージュ色の巨大な駅舎の周りは、肌の浅黒い人たちで溢れていた。刺すように冷たい空気の中、みな長年着込んだらしい分厚いコートを着て、足元には麻の袋などに入った大きな荷物を置いて、それぞれ何かを待っていた。

その間を抜けながらウロウロしていると、一人の男と目が合った。鋭く目を動かす商魂たくましそうな怪しげな男だったが、ぼくはそれが、いま自分が必要としている男であることがすぐにわかった。一方彼は、絶好のターゲットを見つけたという顔をして、さっとこっちに寄ってきた。

「どこ行きたいんだ?」

「上海だ」

「上海か。よし、こっちこい。もうすぐ出るやつのがまだあるはずだ。急げ!」

人ごみをかき分けて男の後ろについていきながら、やはり……と思った。すった切符を高値でさばいている連中がいるのだ。そう考えて、ぼくは思わず笑ってしまった。もしかすると、自分がなくしたチケットを、このダフ屋から再び買い戻すことになるのかもしれないな……と。

しかし切符を見せてもらうと、それはぼくのチケットではなかった。乗る予定だった列車の一本あとのものだった。値段は高かったものの交渉の余地はない。言い値のまま買うしかなかった。ただ、これがまたニセモノという可能性も捨てきれない。そこでぼくは男に言った。

「駅の中まで一緒に来てくれ」

本物であることを確認してから金を渡すべきだったな、と思ったが、男は、「わかった、いいよ」と素直についてきてくれた。

名前も知らない見ず知らずの男とともに、駅の中へと再び入った。十五分ほど前にコーラをこぼして武田さんらを見送った場所を通りすぎ、どんどん中へと進んでいく。ダフ屋の男は切符もないのに、なぜか中へと通してもらえている。

いよいよ駅員に切符を確認してもらうところまで来ると、切符が本物であることに確信を持てた。

ぼくは男に「再見!」と言った。すると男も「再見!」と答え、一瞬で人ごみの中に消えていった。

三段ベッドがずらりと並ぶ二等寝台(硬臥)の自分のベッドに荷物を置いて、ほっと息をついた。通路沿いのイスに腰掛けて発車を待った。まったくとんだ出来事だった。でも一方で、自分がこの一連の顚末《てんまつ》をどこか楽しんでいることに気がついた。

やっぱり中国は面白いな……。それが浮かんできた気持ちだった。その気持ちのまま、中国で経験した、いくつものハチャメチャな場面を思い出した。そして自分にとってその象徴ともいえる昆明でのポリープ切除手術の感触が、そのとき突然よみがえってきた。

思えばあのとき以降、自分の中で何かが少し変わったのかもしれなかった。中国への意識も、旅への思いも、さらには、限りある人生への願いも。

ぼくはこのとき改めて意識した。そういえば、吃音が治ったのも、仕事が進み出したのも、あの手術のすぐあとからだったことを……。


間もなく二〇〇七年になる。この国に暮らし出して二年になろうとしている。

もうそろそろこの国を離れるときが近づいているのかもしれない。ぼくはそう思い始めていた。旅を始めてからすでに三年半にもなるのだ。月日はあっという間にたち、旅は確実に終わりに近づいていた。

しかし、中国で旅を終えるつもりはなかった。

ぼくはまだこの旅の目的であるライターとしての自立を十分に達成できていない。仕事はやっとスタートラインに立ったばかりなのだ。そして何よりも、中国から延々と西に続く広大な大陸にぼくは強く惹かれていた。モトコもまた、もう一回、大きな移動をしたいという意志が芽生え出していた。

ユーラシアを横断しよう——。

もう一つの新たな旅の道筋が、このころぼくらの中で少しずつ具体的になってきていた。その移動の日々を終えたとき、自分たちの旅は本当に終わるのかもしれない。

二〇〇八年は、どこでどうやって迎えることになるのだろうか。この先には何が待っているのだろうか。

列車はゆっくりと上海に向かって動き出した。ぼくは、ほとんど真っ暗で何も見えない窓の外を眺めながら、中国の先のことを考え始めていた。

本書は、「平日開店ミシマガジン」(http://www.mishimaga.com)に連載中の「遊牧夫婦」(第37回〜64回)をもとに加筆・再構成したものです。

近藤雄生（こんどう・ゆうき）

1976年東京生まれ。東京大学工学部卒業、同大学院修了後、旅をしながら文章を書いていこうと決意し、2003年に妻とともに日本をたつ。オーストラリアでのイルカ・ボランティアに始まり、東南アジア縦断（2004）、中国雲南省で中国語の勉強(2005)、上海で腰をすえたライター活動(2006-2007)、その後ユーラシア大陸横断を経て、ヨーロッパ、アフリカへ。2008年秋に帰国し、現在京都在住。著書に『旅に出よう』(岩波ジュニア新書)、『遊牧夫婦』（ミシマ社）がある。
http://www.yukikondo.jp/

中国でお尻を手術。遊牧夫婦、アジアを行く

二〇一一年十一月三日 初版第一刷発行

著者 近藤雄生
発行者 三島邦弘
発行所 ㈱ミシマ社
郵便番号 一五二-〇〇三五
東京都目黒区自由が丘二-六-一三
電話 〇三(三七二四)五六一六
FAX 〇三(三七二四)五六一八
e-mail hatena@mishimasha.com
URL http://www.mishimasha.com/
振替 〇〇一六〇-一-三七二九七六

印刷・製本 (株)シナノ
組版 (有)エヴリ・シンク

ISBN978-4-903908-30-4

好評既刊

シリーズ第一弾

遊牧夫婦

近藤雄生

無職、結婚、そのまま海外！

バンバリーでイルカ三昧、アマガエル色のバンで北へドライブ、
東ティモール、捕鯨の村……二人の新婚生活はどこへ行く!?
旅した五年間の最初の一年を記録した作品であり、
「旅が暮らしになる時代」の〈新しい夫婦の形〉を描いた、
異色の脱力系ノンフィクション。

プロローグ
Ⅰ、旅のはじまり、そしてオーストラリアの西端で
Ⅱ、北へ
Ⅲ、東ティモール
Ⅳ、西ティモール、バリ、ラマレラ

ISBN978-4-903908-20-5　1600円

（価格税別）